やりたいことを全部やる人生

仕事ができる美人の43の秘密

長谷川朋美

大和書房

Prologue

やりたいことは全部できる

みなさん、こんにちは。長谷川朋美です。

私は美ＬＩＦＥクリエイターとして、美しく幸せに生きるための心のあり方やライフスタイルについて、全国でセミナーや講演活動を行っています。

また、独自の経験とアイデアを活かした商品企画やイベントプロデュース、コンサルティング、オンラインショップ〝ＬＵＭＩＥＲＥ ＳＥＬＥＣＴＩＯＮ〟の運営をしています。

22歳で独立してから約10年、さまざまなビジネスをしてきました。

最初の8年間はビューティーサロンの経営をしていました。その後、30歳のときにサロンをすべて手放し、現在の仕事のスタイルは、ノートパソコンを持って好きな時間に好きな場所で自由に働く「ノマドワーカー」です。

プライベートでも仕事でも、海外とのご縁が深く、これまでのフライト数は１００回以上、世界25カ国を訪れました。今も、年に6回以上は海外を訪れています。

このライフスタイルは、私の「こうありたい」が一つひとつ実現し、積み重なってできたものです。毎日がとても充実していて、ハッピーです。

ここまで読まれた方の中には、「あなたが特別だからできたのでは?」「なにかコネがあったのでは?」などと思われるかもしれません。

でも、決してそうではありません。もう少し私の話を続けますね。

私が生まれたのは千葉県の銚子《ちょうし》市です。両親は共働きのサラリーマンで、とくに裕福な家庭ではありませんでした。

一人っ子で育った私は、中学生になると、画一的な学校教育に疑問を持つようになりました。自分の個性やセンスをなにかにぶつけたいと思いましたが、それが学校の中にはないと感じたのです。漠然《ばくぜん》と起業してみたいと思い始めたのも、このころです。

先生や親の説得で一応高校には進学したものの、バイトやイベントサークルの活動のほうが面白くて、2年で中退。もちろん両親は大反対でしたが、どうにか親に頼み込んで借金をし、18歳から東京で一人暮らしを始めたのです。

華やかな世界に憧れていた私は、その当時全盛期だったSHIBUYA109の店員に

Prologue

なりたいと思いました。どうせ東京で働くなら、一番したいことじゃないと意味がないと思っていたからです。「妥協《だきょう》した選択をすると、妥協した自分になる」ということも、このころからなんとなく思っていました。また、両親に啖呵《たんか》を切って田舎から出てきたため、「一旗あげたい願望」みたいなものもあったと思います。

何度目かの応募でようやく採用され、人気のショップで働くようになりました。でも、すぐに物足りなくなってしまったのです。ただ売るのではなく、仕掛ける側に回りたいと強く思うようになりました。

そこで売り上げの実績を作り、社長にプレゼンし、ブランドのモデル兼プレスや商品企画を任せてもらえるようになりました。この時期には読者モデルもやり、カリスマ店員として、たびたびテレビや雑誌にも出演させていただきました。

けれど、ギャルブームが停滞してきて自分も10代が終わろうとしたころ、「このままでいいのだろうか？」と思うようになったのです。

ずっと同じショップで働き続けることに迷いがありましたし、そのころ、モデルの仕事の延長から、芸能事務所に所属して芸能界の仕事もするようになっていましたが、芸能界の独特の世界は自分には合わなくて、疲れてしまっていました。そして結局、事務所とショップのどちらも辞めてしまったのです。一時的にフリーターをし、路頭に迷いました。

さらにそのころ、追い打ちをかけるように、大好きだった人にもフラれてしまい、自分の居場所が完全になくなり、21歳で人生のどん底に落ちてしまった気分でした。


失意の日々の中「このままじゃダメだ」と思い、自分と向き合うため、一人ロンドンに旅立ちました。はじめてのロンドンは、孤独だったけど、とても刺激的でした。

2週間ひたすら自分と向き合う中で、自分の中に眠っていたやりたいことがどんどん出てきて、もう一度人生に立ち向かう気持ちを取り戻すことができたのです。

そして、「やりたいことを全部やる人生にしよう!」と決めました。

帰国後、私は起業するために必要なことを片っ端からすべてしました。必要な資格を取る、経験を積むためにエステの会社に勤める、お金を貯めるためにバイトをする、空いた時間も本を読んだり、起業にくわしい人に会ったりして勉強する、などです。

そして22歳で起業し、最初は一人でビューティーサロンを始めました。それからメニューを増やし、スタッフを増やし、店舗を増やし……気づいたら8年間で6店舗にまで増え、理想のサロン作りに成功しました。その後サロンは手放し、冒頭でご紹介したようなセミ

Prologue

ナーや講演、プロデュース業などを営んでいます。今まさに、ロンドンで決めた「やりたいことを全部やる人生」を実践している最中です。

いかがでしょう。私にコネがあったわけでもなく、特別だったわけでもないことがおわかりいただけたと思います。こんな私でも成功できたのは、ある時期にとことん自分と向き合う中で、自分の能力に気づき、その能力をうまく引き出して、ブランド化することができたからです。

これは決して難しいことではありません。多くの人は、そのやり方がわからずにいるだけなのです。

これまで私は、その方法について、セミナーやブログでお伝えしてきました。その結果、たくさんの方が、自分の人生を切り拓いていくことに成功しています。

より多くの方に知っていただくため、この本ではくわしくご紹介していきたいと思います。

私自身がたくさんの本を読み、セミナーに通ったり、さまざまな場所に出向いたり、いろんな方と交流してみて、トライ&エラーをくり返しながら独自に構築してきたメソッドです。

・起業して成功したい！　という人
・どうしても叶えたい夢がある人
・始めたことがいつも中途半端に終わってしまう人
・ライフスタイルを変えたい、自分を変えたい人
そして、
・やりたいことが見つからない人
そんな方々のために書きました。読んでいただければ、なにかしらのヒントを見つけていただけるはずです。

「女性はキレイで若ければいい」という時代は、もう終わりました。
これから私たちに問われているのは、どう生きるのか？　という〝あり方〟と、なにをしたいのか？　という〝思い〟なのです。
それでは、あなたとあなたの人生を輝かせる旅に出発しましょう！

長谷川　朋美

CONTENTS

Prologue
やりたいことは全部できる……3

第1章 心と行動を一緒にする Mind
1-1 心がともなっているか……14
1-2 作ることは簡単……19
1-3 自分の価値観を知る……22
1-4 目標は書かない……29
1-5 自分自身を最強のパートナーにする……35
1-6 ノートに書き出す自分質問術……41
1-7 ネガティブな感情と上手に付き合う……46
1-8 わがままと思われてもいい……50

1-9 直感に従う……56
1-10 旅は人生の冒険！……60

第2章 美と仕事の両方を手に入れる生活 Lifestyle

2-1 充実感が美しさを作る……66
2-2 心にスペースを作る……72
2-3 体にスペースを作る……77
2-4 手放すことを習慣にする……83
2-5 モチベーションを上げてくれる人と時間と空間を共有する……90
2-6 心地よいものに囲まれる環境作り……93
2-7 自律神経を味方につけて効率よく過ごす……98
2-8 メイク直しより表情筋ストレッチ……106
2-9 忙しくても効率的にキレイになる方法……111
2-10 不調のしくみを知って、病院に頼りすぎない……117

第3章　夢を叶える働き方

Business

3-1　「7つの習慣」手帳術……124
3-2　明日できることは明日する……129
3-3　咀嚼タイムでクオリティを上げる……134
3-4　その荷物、本当に必要？……140
3-5　たくさんのやる気スイッチを用意する……145
3-6　モチベーションアップのカギは「未来記憶」にあった……150
3-7　イマジネーション力の鍛え方……155
3-8　海外での人脈の広げ方……160
3-9　自分が自分のコーチになる目標達成法……162
3-10　リスクがあっても、誰よりも先に試す……169
3-11　大きいことを叶えるには、小さいことの積み重ね……176
3-12　リピート率90%の接客術……180
3-13　上手にまわりの力を借りる……187
3-14　価値観の共有で、初対面でも親しくなる……192
3-15　人を巻き込めると、仕事もプライベートも最強になる……198
[文庫版特別収録]　忙しくても、お金がなくても、海外旅行に行く方法……205

第4章 美人の自分プロデュース術

Brand

4-1 自分がブランドになる方法……210
4-2 自分の弱みもプラスに変えるブランディング……219
4-3 今の自分の姿を知らなければ、美容法は意味がない……226
4-4 セレブに学ぶセルフブランディング……230
4-5 自分だけの世界観を表現する……235
4-6 思いがのると「いいね！」とアクセス数が増える……241
4-7 ブランドの価値とは「安定感」……248
4-8 ブランドを使い分けると人生の幅が広がる……253

［文庫版特別収録］ おすすめの40冊……258

Epilogue

人はこんなにも変われる……264
文庫化にあたって……268

第1章

心と行動を一緒にする

Mind

心がともなっているか

「長谷川さんはなぜ、つねにブレずにモチベーションを高く保っていられるんですか？」

私がセミナーなどで最も多くいただくのがこの質問です。この本でも、まずはその質問に答えることから始めたいと思います。

一般的に私たちが「夢や目標」としてイメージするのは、「○○が欲しい」「○○をしたい」「○○になりたい」など、目に見える行動や状態です。これらを表す言葉を、この本では〝doing〟といいます。

いっぽう、目に見えない気持ちや感情、自分自身のあり方を表す言葉を〝being〟といいます。〝being〟は〝feeling〟とか〝emotion〟に似ています。

たとえば、あなたがサロンオーナーを目指しているとします。こんなメニューやサービスで、インテリアはこんな感じで、スタッフの制服はこんな感じ……と、具体的なイメージまで描いています。

さて、あなたは、サロンオーナーになってなにを手に入れたいのですか？

じつは、**モノや状態（doing）ではなく、自分が欲しい感情や誰かに与えたい感情（being）を考えることが、夢の実現とモチベーションに大きくかかわってくる**のです。

これはとても重要な問題なので、もう少し説明していきます。

「サロンオーナーになること」は〝doing〟です。サロンオーナーになって「いろいろな人を癒したい」とか、「心地よいコミュニティを作りたい」という、気持ちの部分が〝being〟です。あるいはタレントを目指しているなら、「タレントになること」は〝doing〟、タレントになって「たくさんの人に影響を与える自分でいたい」というあり方は〝being〟です。

いかがでしょう。なんとなくイメージが湧いてきましたか？

では、質問です。あなたはどんな〝doing〟を目指していますか？

その〝doing〟の中に、どんな〝being〟がありますか？

〝doing〟については、比較的ほとんどの人が答えられると思います。でも、〝being〟についてはいかがでしょうか。「考えたこともなかった」という人も多いと思います。

〝being〟とは、あなたの感情や価値観を反映させたものです。それは、あなた自身をワクワクさせたり、勇気づけたりするものであるに違いありません。その〝being〟があるからこそ、目標に愛着を持つことができ、目標達成までの道のりをブレずに一歩一歩、着実に進んでいけるのです。逆に、〝being〟がない〝doing〟は達成しにくいし、達成してもあまり充実感を得ることができません。

なぜ？ を口ぐせにすると〝being〟にたどりつく

でも、自分の〝being〟がよくわからなかったら？ 大丈夫、そういう人は実際に大勢います。漠然とした〝being〟をつかまえるいい方法があります。

それは、**「自分自身につねに『WHY（なぜ）？』と問うこと」**です。

自分自身の日々の行動や思考について、「なぜこれを選んだのか」「なぜこれを美しいと思ったのか」「なぜそれが好きなのか」「なぜその場所に行きたいのか」、その選択や感情の一つひとつに「WHY（なぜ）？」と問い続け、その質問にひたすら答えていくのです。

さらにそれを整理したければ、その質問と答えをノートに書きとめてみてください。「なぜ?」をどんどん掘り下げていくうちに、自分の考え方の傾向や大切にしている価値観がわかるようになり、必ずあなたの〝being〟にたどりつくはずです。

ノートに書くこと(アウトプット)の重要性については、また後述しますが、ここでは**書くことによって、自分自身に客観性を持つことができ、新たな気づきが生まれる**から、と理解してください。

私もいつも自分自身に「なぜ?」と問い続けています。「なぜそう思うの?」「なぜそうしたの?」と、自分にだけでなく、口ぐせのように家族や親しい友人にも質問しています。

このとき注意してほしいことは、子どもがワクワクしながらお母さんに「どうして?」とたずねるように聞くことです。すると、聞かれたほうも答えやすくなります。

あなたなりの〝being〟を知ると、夢はブレなくなる

私は、〝doing〟にどんな目標を掲げてもいいし、物欲に走ってもいいと思っています。ただし、そこにその人なりの価値観があり、それを自分で理解していれば、です。

毎月100万円稼ぐことが目標だったとき、「その得たお金でこんなことをして、こういう気分を得たいから」という〝being〟を持つ人もいれば、「自分の頑張りが、目に見える形でわかることが嬉しい」という〝being〟を持つ人もいます。

いっぽう、違う〝doing〟からでも、同じ〝being〟を得られることもあるのです。

たとえば前者の場合、最終的に得たい気持ちが「最高に楽しい気分」だったら、お金をかけなくても「最高に楽しい気分」を日々感じられる心のしくみを作れば、お金は必要なかった、ということに気づくかもしれません。

また後者の場合、実績が「収入」でなくても、まわりの人から感謝や尊敬をされると、100万円を得なくても同じ〝being〟が得られるかもしれないのです。

同じ〝doing〟でも、〝being〟は人それぞれです。

くり返しになりますが、**〝doing〟に隠されているあなただけの〝being〟を知って行動することが、モチベーションの維持と夢の実現を可能にする**のです。〝being〟が明確であれば、どんな夢でもブレることはありません。

〝doing〟と〝being〟は、このあともたびたび登場します。ぜひ覚えておいてくださいね。

作ることは簡単

私が自分でサロンを始めたのは22歳のときです。当時はまだエステサロンに勤務していたため、仕事がないプライベートの時間にお客様のお宅にうかがったり、自宅にお招きしながら、施術をしていました。

もともと人と人をつなげることが好きで、イベントの主催などもよくやっていましたから、交友関係は広いほうでした。知人にはモデルさんや芸能関係の方もいたので、はじめは口コミでお客様を増やしていきました。

一度来てくださったお客様が、私のサービスを気に入ってくだされば、リピーターになってくれるし、新しいお客様を紹介してくれます。

お客様がお客様を呼び、1年後には、西新宿に念願だったトータルビューティーサロン「ルミエール」をオープンさせました。その4年後、白金台に2店舗目をオープンさせ、お客様のリクエストなどにお応えしながら、自分があったらいいなと思うお店作りをし、気づいたらサロンを中心に8年間でのべ6店舗の経営をしていました。

私自身のこの経験をもとに言えば、会社にしても商品にしても、作ることは簡単です。

私が皆さんにそう言うと、よく「そんな、ムリムリ！」「朋美さんだからできたんですよー！」という返事が返ってきます。でも、そんなことはありません。勢いと、多少のお金さえあれば、作ることは誰にでもできることなのです。

本当に難しいのは作ったあと、継続させることです。サロンにしても商品にしても、作ることがゴールになってしまっていて、達成したあとになにをしていいのかわからなくなり、フェイドアウトしていく人を、私は何人も見てきました。

「なにかを作りたい」「自分自身がなにかになりたい」というとき、その〝なにか〟に当たるものが〝doing〟です。**作ったものを継続させていくためには、核になる〝being〟、つまり自分自身の純粋な思いや譲れない価値観が絶対に必要**なのです。

よく耳にする話で「2代目社長になると経営が危うくなる」ということがあります。

これは、初代社長からお金やスタッフ、システム、モノといった〝doing〟は引き継いだものの、肝心な思い〝being〟が引き継がれておらず、経営を継続させるために一番必要なモチベーションを失い、やがて破綻《はたん》するということを意味しています。

これは2代目社長にかぎったことではなく、私たちも同様です。

〝being〟のない〝doing〟は、手に入れても、あまり充実感がありません。

しかし、〝being〟をしっかり持っていれば、達成したことが新しいスタートになります。

たとえば、私にとって「本を出す」ということは、「大切なことを伝えるための手段(doing)」であり、スタートなのです。その奥には、「自分で自分を幸せにできる人(ハッピーな人)を世の中に増やす!!」という〝being〟があります。

〝being〟があるから、私は出版を機に、ますますモチベーションをアップしていけるのです。本を出す(doing)ことをゴールとし、そこに〝being〟がともなっていなければ「あー、やっと本を出せたー! 頑張ったなぁ私」で終わってしまいます。

作ることは、ちょっとしたチャンスがあれば誰にでもできます。

そして、そこに確固たる〝being〟があれば、作ったものを継続していくこともまた、誰にでもできることなのです。

自分の価値観を知る

あなたは友だちや恋人、家族などの意見に流されたり、テレビ、雑誌、SNSなどのメディアから送られる情報に乗って、自分の〝doing〟を決めたりしていませんか?

そうやって選んだ〝doing〟に自分の価値観がともなっていないことは、もうおわかりですよね。**目標を達成したいなら、「はじめに〝being〟ありき」が条件**です。

でも、自分と仲良くすることをしてこなかったせいで、〝being〟がよくわからないという人もいるのではないでしょうか。そこでおすすめしたいのが、**まずは自分と仲良くなるために、ワクワクすることを「リストアップすること」**です。

セミナーをしていても、「自分が今なにに興味があるか、どうなりたいか」がわからない人が意外と多いことに気づきます。そういう人は、まずは自分のワクワクすることがなんなのかを十分に知ることから始めてほしいと思います。

ワクワクのリストアップ

リストアップするものは、自分がワクワクすることなら、なんでも構いません。とにかく書いていてワクワクすることを、どんどん文字にしてアウトプットしていきます。「行ってみたい国ベスト10」や「憧れの人ベスト10」などランキング形式にしてもいいし、「理想の1週間の過ごし方」「理想のインテリア」「今欲しいもの」などでもいいでしょう。

ワクワクすることのイメージを鮮明に描けると、モチベーションも上がります。また、**アウトプットすることで自分を客観視でき、自分とのコミュニケーションも深まります。**

思いついたときにちょこちょこ書いたり、書いたものを見直してはまた書き換えたりして、いわば自分とのブレストみたいなイメージでやってみてください。

私のセミナーでも、参加者の方に『なりたい自分リストアップ』（次ページ参照）をしていただきます。これはA４の紙1枚に、ライフスタイル、ビジネススタイル、座右《ざゆう》の銘《めい》、好きな映画や本、理想の自分を表すワード、理想のパートナーとの関係などの15項目を一行ずつ書いて埋めてもらうものです。外見については、理想の顔、ボディ、ファッション

なりたい自分リストアップ

外見	顔（ヘア&メイク含む）	キャメロン・ディアスのようなスマイルと表情の豊かさ
	ボディ	ミランダ・カーのようなヘルシーなグラマラスボディ
	ファッション	海外ドラマ「SEX and the CITY」のような、 さまざまなテイストとカラーをスタイリッシュに着こなす
マインド		スピリチュアリティ（自然と調和したマインドやあり方、天）と、その反対にあるグラウンディング（地に足をつける）やサバイバル力など（地）のどちらもかね備えて、つねに柔軟にバランスを大切にする
ライフスタイル		都会とリゾートの融合。忙しい中でも自然に触れる生活。 オンとオフを切り替えて、どちらも楽しむ。 ときに、リゾートの中でバリバリ仕事をする
ビジネススタイル		時間と場所にとらわれないビジネス。 つねにクリエイティブな選択にもとづいて、仕事を決める
座右の銘		世界に変化を望むなら、自らがその変化となれ
好きな映画		「SEX and the CITY」「キューティ・ブロンド」 「ワイルド・スピード」「プリティ・ウーマン」「リトル・マーメイド」
好きな本		『みんなが幸せになるホ・オポノポノ』『ザ・パワー』 『アルケミスト』『アナスタシア』ほかにもたくさん書ききれない!!
理想の自分を表すカラーや象徴		白、ブルー、マゼンダ、ターコイズ、カサブランカ、人魚、女神
理想の自分を表すワード		聡明、エレガント、知的セクシー、ギャップ、地に足をつけた、 スピリチュアリティ、ヘルシー、メトロポリタン、自由
理想のパートナー（との関係）		刺激し高め合える関係。互いにリスペクトがあること。柔軟性。 自由を認め合う
理想の家族（との関係）		時間や空間にとらわれない、心の共有を大切にできる関係。 テレパシー（通じ合える）
住みたい国、街		都会とリゾートが融合している場所。 モナコ、LA、ハワイ、マイアミが好きだけど、住まなくてもいい。 これらの国にいるときのような気持ちで、毎日を過ごすことが大切
住みたい家やお部屋、インテリア		シンプルで、ホテルライク。自然を感じられる家。 緑、水、光がたくさんの家。つねに整理整頓をする

と細分化しています。これはより具体的なイメージを自分でつかみやすいようにするためです。私も毎回参加者の方と一緒にリストアップしています。

リストアップされた言葉は、あなたのワクワクするもの（モチベーション）を表したものであり、〝being〟のタネです。自分がワクワクするものを視覚化することで、自分が価値をおいているものに気づくことから始めます。

もちろん、ワクワクするものは、永久不変というわけではありません。時間とともにさまざまな経験を経て、あなた自身が変わっていくのですから、リストの言葉も変わるものもあれば、変わらないものもあるでしょう。

大切なのは〝今〟の自分の価値観を知ることです。一度リストアップしたらそれでおしまいではなく、ときどき更新して自分の現在地を確認してください。

イメージの具体化

「ワクワクのリストアップ」から、さらに進んでいきます。

あなたの〝being〟をいつも明らかにするには、あなた自身の価値観を理解している必要があります。でも、私たちは往々にして、自分の価値観を無視して、他人の価値観によって物事を選択してしまいます。

価値観というと、それほど明確なものは持っていないという人もいるし、長年他人の価値観にふり回されて、自分の価値観を見失っていることもあります。

自分の価値観を知る方法の一つとして、「マインドマップを作ること」があります。

私の場合は、画用紙くらいの大きな紙を用意し、目標や掘り下げたいものを紙の真ん中に書きます。その言葉をスタートにし、連想した別の言葉をまわりに書き、もとの言葉と線でつなぎます。これを紙が埋まるまで、どんどん書き出していくのです。連想する言葉にはあえて制約を設けず、心に浮かんだ言葉を素直に書いてください。

たとえば、掘り下げたいものが「美」だとします。「美」と紙の真ん中に書き、「美」からイメージするもの、「健康」や「ナチュラル」「知性」など、自分が思いつく言葉を連想ゲームのようにまわりに書いて、それぞれを「美」と線で結びます。

次に、「健康」という言葉からイメージした「食事」「運動」などの言葉を書き、それぞれを「健康」と線で結びます。この作業を紙やノートがいっぱいになるまで書き出していきます。

1-3 Mind

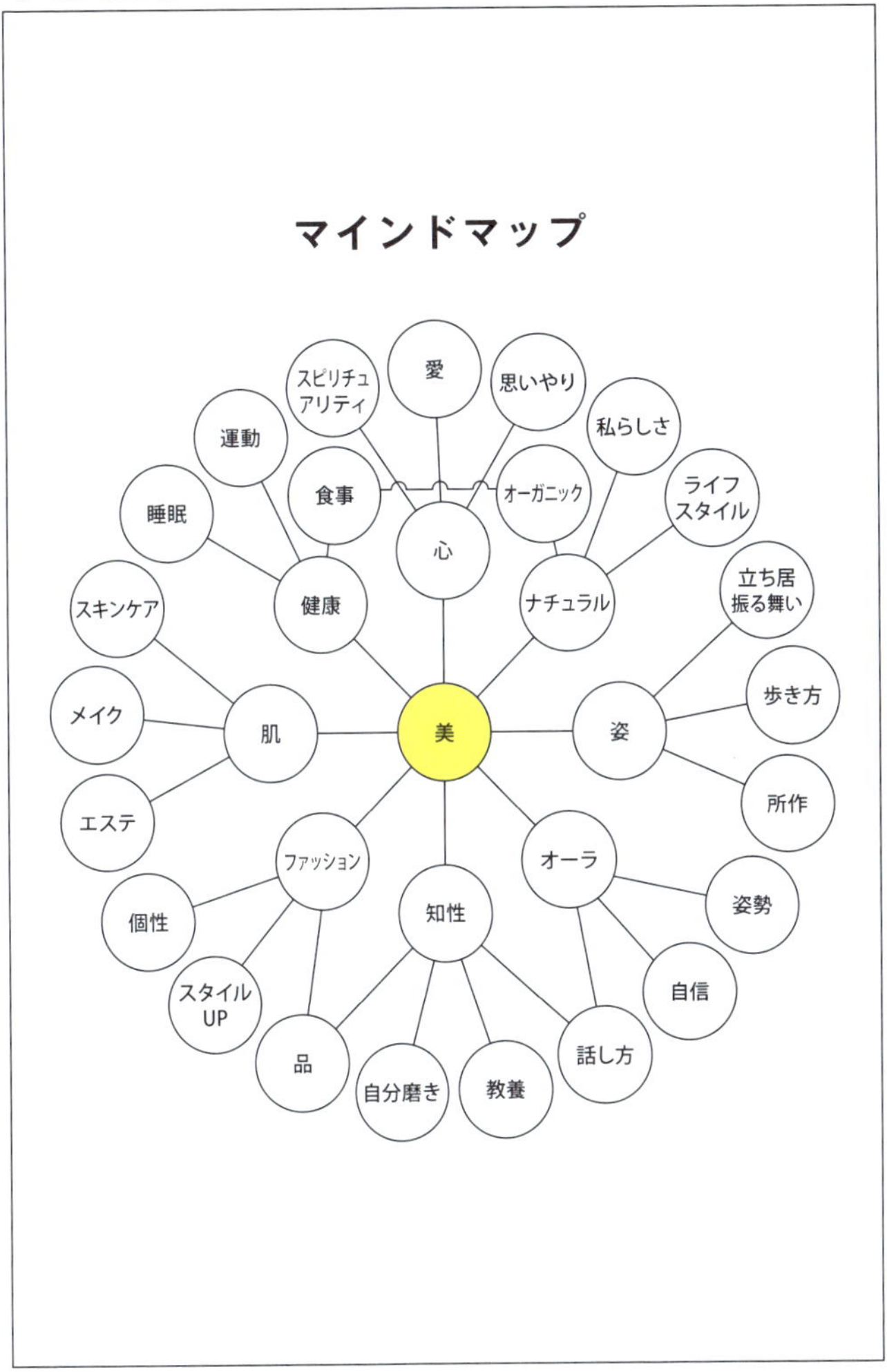
マインドマップ
美
心
愛
スピリチュアリティ
思いやり
食事
オーガニック
運動
睡眠
健康
私らしさ
ライフスタイル
ナチュラル
立ち居振る舞い
歩き方
所作
姿
スキンケア
メイク
エステ
肌
ファッション
個性
スタイルUP
品
知性
自分磨き
教養
オーラ
姿勢
自信
話し方

マインドマップの中に同じワードが何度も出てきたら、それこそが自分の価値観です。「私はこれを大切に思っているんだ」と、その言葉を尊重してください。

マインドマップを作ると、漠然としていたイメージが具体的になっていきます。

その結果、今までなんとなく信じていたものが確信に変わり、人の意見に惑わされたり、環境によってブレたりしなくなります。

「美」と一言で言っても、あなたの中では、無意識のうちにさまざまな要素を感じているのです。その無意識の要素に光を当てて、一つひとつ別の言葉に置き換えたり、意味を深めていったりすると、自分がなにを考えていたのか、どうなりたいと思っていたのかなど、ヴィジョンがはっきりしてきます。

目指すヴィジョンがはっきりすれば、なにをすればいいのかがわかり、理想を実現しやすくなります。末端にあるものほど小さなことなので、アクションが起こしやすいと思います。それを一つずつ積み重ねていくと、「あれ？　大きな目標が叶えられた！」となります。小目標を積み重ねて、大目標を達成するという感じです。

価値観は、行動や言葉などすべての土台となるものです。価値観がしっかりできていれば、自分の中に芯となる揺るがない部分ができます。

1-4 Mind

目標は書かない

あなたは一年のはじめに目標を書き出していますか？

その目標はいつも、年の終わりまでに何割達成できているでしょうか？

私は4年前まで、毎年さまざまな目標を書き出していましたが、達成するのはいつも半分以下でした。ですから、今では新年の目標を書き出すのをやめています。そのかわりに、毎年お正月になると「価値観の明確化」というのを書くようにしています。これをするようになってからは、毎年、年末にふり返ってみると、100%達成できるようになりました。

この「価値観の明確化」とはどういうものかというと、「ありたい自分」について書き出す作業です。つまり〝being〟を知ることです。

「自分はこうありたい」というキーワードをあげて、それについて自分なりに思うことを書き出します。これは、ありたい自分や、そうなることによって得たい感情、状態を表しています。

目標を書くという行為は、どうしても〝doing〟に走りやすいです。「サロンをオープンする」「結婚する」「車を買う」などと、どうしても物事にフォーカスしてしまうからです。それを書き出していくと、どんどん「～ねばならぬ」や「～べき」という言葉が出てきます。

たとえば、サロンを年内にオープンするためには、お金をいつまでにいくら貯めなくてはならない、人も集めなくてはならないとなったり、結婚するためには、まずは出会いの場に行かなければならない、自分磨きをしなくてはならない、となります。

これらの目標を掲げても、きちんとポジティブな感情がともなって書き出しているのであれば、構わないのです。でも、書いているうちにどんどん自分を追い込んでしまって、つらくなるくらいなら、掲げる意味がありません。

私はなにをするにもすべて「ワクワクを基準にしてください」と言っています。「ワクワク＝モチベーション」なので、そこにワクワクがともなっていなければ、物事を達成できても、気持ちの充実感は得られません。だから、目標のリストアップも、楽しいと思えるなら、してください。でも、途中で楽しくなくなったらやめて、また書きたいと思ったら続けてください。

目標は、「達成するため」に書くのではなく、あくまで「そのときの自分の興味を知るため」に書くものだと思っています。一度書くことによって、客観的に自分の考えを知ることができ、それは一つの指針になります。さらに、「結構ハードルが高いことばかり書いているな」とか、「案外、簡単そうじゃない？」などと目安を知ることもできるのです。

では、私が年のはじめに書き出した「価値観の明確化」をご紹介しましょう。

２０１４年の価値観

・〝RELAX〟……もっと肩の力を抜いて深呼吸しよう！　完璧じゃない姿を人に見せてもいいんだよ。もっと感情を出して甘えよう。人は一人では生きていけないから。

・〝SMILE & HAPPY SHARE〟……喜びを人と分かち合おう。さまざまな体験を人と共有しよう。まずは身近な人から大切に。

・〝CREATIVE〟……つねにクリエイティブであろう。その選択はクリエイティブな心にもとづいている？　とつねに自分に問いかける。

・〝INTERNATIONAL〟……つねに世界を意識する。どこに出ても、もの怖《お》じしない自分になろう。今年もたくさん海外に行き、英語はビジネス英語、フランス語は日常会話までマスターする。

・〝SIMPLE〟……必要なものだけ手もとに残し、あとは人に譲ろう。モノもチャンスもビジネスも。必要ない感情も手放す。

・〝HEALTHY〟……規則正しい生活、もっと自然を感じる生活をする。毎日のお散歩をもっと長くするのと、週に一度は必ず運動をする。なるべく自炊し、テーブルの上にはカサブランカの花とフルーツをつねに山盛り。

・〝SLOW〟……なにごとも焦らず、ゆっくり、じっくり。そのときの感情を味わいながら。結果は必ずついてくるから。

これらはすべて〝doing〟ではなく、〝being〟の書き出しであることがわかると思います。**ありたい自分や得たい感情、状態（being）を先に書き出すことによって、その先にある〝doing〟の目標が叶ったりします**。

たとえば、〝CREATIVE〟という言葉には、「つねにクリエイティブであろう。その選択はクリエイティブな心にもとづいている？　とつねに自分に問いかける」とあります。

1-4 Mind

このように、一年のはじめに書き出すことによって、自分の潜在意識に深く刷り込まれます。そうして日々を過ごしていると、実際にクリエイティブなお仕事がどんどん舞い込んでくるようになりました。本の出版もまさにこれのおかげです！

こういった〝doing〟の目標が達成されたのは、先に〝being〟を設定したからです。なにかを達成するのは、物事からではなく、まずは感情が大切だと私は思います。

また、私と同じように〝CREATIVE〟をテーマにあげた人がいたとしても、人によって価値観は異なるので、その捉え方も違います。なにが正しいというわけではなく、自分にとっての価値観を知ることが大切です。だから、〝CREATIVE〟の定義も人それぞれに異なっていていいのです。

この「価値観の明確化」は、1年ごとに立てるものだけでなく、「人生の価値観の明確化」というものもしています。

人生の価値観

・〝FREE〟……型にはまらない自由な生き方。常識は自分で作るもの。時間と場所にとらわれない働き方とライフスタイル。太陽とともに移動する。

・〝CREATIVE〟……つねにクリエイティブな心にもとづいて選択する。0から1を築く。誰もしないことをあえてする。新しい価値観の創造。柔軟な思考でいること。

・〝CHALLENGE〟……人生1回きり、やらずに後悔はしたくない。思いついたものは、すべてすぐにやってみる。まだ見ぬ自分の可能性を探し続ける。挑戦し続ける生き方を貫《つらぬ》き、人をインスパイアする。

これは、自分の人生を見つめるものなので、いきなり作るのは難しいと思います。まずは「ワクワクのリストアップ」などで、日々自分とコミュニケーションをとっておき、それから向き合ってみてほしい課題です。

私はこれを書き出すようになってから、どんどんブレない自分になってきた気がします。**なにかに迷ったり悩んだりしたとき、ここに戻る**のです。そして、自問自答します。「私は、この価値観のもとに生きている?」「この価値観のもとに、選択や決断ができている?」。これに胸を張って「YES!」と言えたとき、あなたは人生のハンドルをもう手放すことはないでしょう。

1-5 Mind

自分自身を最強のパートナーにする

私のセミナーには、美容やコーチングに興味があるという方のほかに、起業されている方や、起業したいという方も多く参加されています。そういう方たちは、夢を実現させるために、ある程度は行動できていますが、現状をさらに突破していくなにかを探しているのだと思います。

慣れ親しんだ世界から一歩踏み出し、新しいことを始めるのは勇気がいります。そんなとき、「大丈夫、あなたならやれるよ！」と、誰かに背中を押してほしいと誰もが思うもの。私にも最強のパートナーがいます。そのパートナーがいつも私を励ましてくれるおかげで、私は臆《おく》せず新しいことを始められるのです。

そのパートナーとは、**私の中にいる〝もう一人の私〟**です。

もう一人の自分の存在に気づいたのは、21歳のころです。ロンドンに2週間、一人旅をしたことがきっかけでした。ロンドンでは、ひたすら自分と向き合う時間を過ごしました。自分の心に浮かんだことを片っ端からノートに書き出していくうちに、これまで意識していなかった自分自身に出会ったのです。

この〝もう一人の自分〟や〝意識していなかった自分〟とはなにか、説明していきますね。

私たちが普段「これが私だ」と思っている自分は、「顕在意識」で捉えている自分です。顕在意識とは、私たちが普段、意識することができ、コントロールしている思考のことをいいます。じつは意識にはもう一つ、「潜在意識」というものがあります。潜在意識とは、自分でもわかっていない無意識の思考です。

顕在意識と潜在意識の関係は、よく氷山にたとえられます。海面に浮いて目に見える部分が顕在意識、海面に沈んで見えない部分が潜在意識です。これは、顕在意識が意識全体のわずか3～5％にすぎず、その下に大きな潜在意識が隠れていることをうまく表しています。

つまり、私たちが「これが自分」と認識しているのは、自分自身のたった数％の部分にすぎないのです。「もう一人の自分」は潜在意識にいて、普段はその存在に気がつかないのですが、こちらのほうが圧倒的に大きい部分を占め、情報量や可能性もたくさん持っているのです。

心を解放して、潜在意識にアクセスする

でも残念ながら、顕在意識の自分は潜在意識にいる自分について、なかなか知ることができません。では、このもう一人の自分（潜在意識）にアクセスするには、どうしたらいいのでしょうか。

それには2つの方法があって、一つは「つねに自分が心地よいと思う選択をする」ということ、もう一つは「自分に質問をする」ということです。

「自分が心地よいと思う選択」とは、頭で考えるのではなく、感情に正直に従うということです。つねに頭で考えたことばかり体にさせていると、だんだん心と体が離れてしまいます。すると、もう一人の自分（潜在意識）はどんどん遠ざかっていき、必要な問いかけにもなかなか答えをくれません。

潜在意識とつながるためには、まず心を解放してあげることが大切です。

自分と信頼関係を築く

そして自分に興味を持ち、どんどん質問をしてください。

「なにをしているときに幸せを感じるの？　ワクワクするの？」「なにを恐れているの？」など、お母さんが小さな子どもに投げかけるような優しい口調で、自分に聞いてみてください。

そして、その答えを最初はひたすらノートに書き出していき、自分の中にあるものをアウトプットしていくのです。アウトプットしたものを眺めることによって、「わ！　自分ってこうなんだ！」といろいろ気づくはずです。

何度も出てきますが、自分を客観視できるようになることが大切です。

自分に質問をし、それに答えていくにつれ、潜在意識に隠れていた自分がわかるようになります。そして、潜在意識の自分を知れば知るほど、「なんだ、そんなこと思ってるんだ！　可愛い！」「結構、熱いヤツだったんだ。でもそこがいいよね」など、愛情やリスペクトの気持ちが湧いてきます。**質問をくり返していくと、潜在意識の自分とのコミュニケーションが取れて、信頼関係が築かれていきます**。そして、自分と仲良くなればなるほど、そのやり取りは楽しくなっていきます。

21歳のロンドン旅行のとき、お金はないけれど時間はありました。ロンドン中を散歩しながら、いろいろな場所でこんなことをひたすら2週間していました。そのときは知りませんでしたが、自分がやっていたことは、まさしくセルフコーチングだったと、あとから勉強して知りました。

それ以来、すっかり自分と仲良くなり、いつも自分に質問をし、話しかけています。

「無理！　絶対こんなのできないよ！」と目の前の壁に立ちすくんだとき、「そうだね……でもあのとき、このくらいまでできたし……今回ももしかしたらできちゃうかもよ？」と励ましてくれる自分がいます。

また、「大丈夫？　私の体、無理してない？」「さっきYESって言ったけど、本当にYESでいいの？」と心配してくれる自分もいます。

自分とのコミュニケーションは、他人とのコミュニケーションと同じです。

長い間コミュニケーションを取っていない相手と、いきなり仲良くなるのは難しいですよね。自分の心を、ずっと無視して生きていた期間が長い場合は、自分に質問をしてもなかなか正直に答えてくれなかったり、質問すら浮かびません。

質問するということは、まず目の前の相手に興味を持てなければ始まりません。ですから、まずは自分に興味を持つことが大切です。

興味を持てないという人は、理屈抜きで「楽しい！」とか「ワクワクする！」ことを自分にさせてあげてください。そして、ご機嫌がよくなっていくと、自分が自分に心を開いてくれ、いろんな質問が自然と湧いてくるはずです。

あなたの背中を押して、励ましてくれるのは、家族でも友だちでもパートナーでもいいのです。でも、**「あなたならできる！」と言ってくれるのが自分自身である人は、どんな困難にもブレない強さを持っています**。私がこれまでお会いした方で、仕事や人生において成功されているな、と思う方の共通点の一つは、必ず、自分とのコミュニケーション能力が高い、ということです。

あなたのそばにも、いつも最強のパートナーがいます。まだ気づいていないだけ。きっとあなたが話しかけてくれるのを待っています。

1-6 Mind

ノートに書き出す自分質問術

私は、自分の中にあるものをノートに書くように、よくおすすめしています。実際に私自身も、つねにノートを持ち歩き、思いついたことや気になったことなどを、すぐに書きとめるようにしています。

ノートは旅先にも、もちろん持っていきます。その土地土地で得られるエネルギーやフィーリング（感情）は異なります。

感情はナマモノなので、「あとで書こう」と思っていると忘れてしまったり、時間がたつと、そのとき感じたものとは違う形になってしまいます。

そして、**瞬間瞬間で得た感情は、あとでなにかに気づくヒントになる**こともあります。流さずにピンときたら書きとめるクセをつければいいと思います。

文字にすると、自分の感情が整理できる

〝文字に起こしてみる〟という行為には、大きなメリットがあります。それは、アウトプットすることで、自分の考えを客観的に見つめることができることです。頭の中でぐるぐると思いをめぐらせているうちは、**漠然とした悩みやイメージのままだったのが、まとまった考えやアイデアに変わっていきます**。そして、**文字にしていく中で、自分の感情を再確認することができます**。

たとえば、「モナコが大好き！　この街が似合う女性になりたい！」と思ったら、まずそれを書き出して、次にそこから質問を一つずつ投げかけ、書き出していきます。

「なぜモナコが好きなの？」↓街も人も、洗練されているから！

「モナコから連想するキーワードを5つあげるとしたら？」↓洗練・セレブ・スマート・リゾート・海↓ああ、私はこういったものが好きだから、それを満たすモナコが好きなんだ（という気づきを得る）。

「では、この5つを持っているものって、ほかにないかな？」↓ハワイ、ＬＡもそうだ！　そういえば、これらの街も大好き！↓共通するのは、海やリゾートの雰囲気を持ちながらシティの要素もあること。私は、都会とリゾートの融合が好きなんだな（という気づきを得る）↓じゃあ、これらを私のブランディングにしよう！（と、さらなる気づきを得る）

……という感じです。

モヤモヤや不安を分解して行動に変える

なんだかモヤモヤしているときや、やる気が湧かないときも、自分に質問し、思いつくかぎり小さなことでも、すべて書き出します。

「今モヤモヤしているのはなぜ？」↓最近、人間関係が思わしくないからかな？

「たとえば、どんなことがあったの？」↓○○さんが私のことを△△さんに陰口していると噂で聞いたから。

「ほかには？」↓○○さんは、たしか以前もそういうことをした↓私、以前のことを根に持ってるのかな？（という気づきを得る）

「人間関係以外で、モヤモヤしている原因はありそう？」↓そういえば最近、肌の調子が悪い。そのせいでメイクに気合いが入らないし。

「そうなると、どう？」↓楽しそうなお誘いを断ったり、写真に写るのを拒んだりしていたな（という気づきを得る）。

「なんで肌が荒れているんだろう？」↓ここ最近、仕事が忙しくて睡眠も取れていないし、人間関係のストレスのせいかな？

「これからから、なにか言えることはある？」↓なんだか余裕がないから、以前なら気にならなかった人の言葉が気になったりするのかも。ちょっと週末はゆっくり休養してみようかな。

「そうするとどうなる？」↓肌荒れが治って出かけたくなりそう！　楽しいことができたら、人の噂も気にならないかも！　やっぱり気持ちや時間に余裕を持つことって大事だな（さらなる気づきを得る）。

1-6 Mind

……と、このように進めていきます。

これはほんの一例ですが、右にあげたような質問を一つのテーマにつき、私は1時間くらい掘り下げたりします。

質問をしているうちに、自分の中で不明確だったことを認識できるようになります。そこではじめて、不明確な部分を小分けにして掘り下げる（コーチング用語ではチャンクダウンと言います）ことができるようになり、一つひとつが明確になっていくのです。

夢にしても不安にしても、なにが夢でなにが不安かがわからないと、どこから手をつけていいのかわからなくなってしまいます。でも、**夢や不安を因数分解していくことにより、夢は「行動計画」に、不安は「課題」に変わっていく**のです。

それさえわかれば、あとは行動するのみ！　行動してみて、またその結果次第でその先を考えたらいいと思います。

頭でっかちになって行動できない人は、まずは今の自分にいろんな質問をして、自分の中にあるものをノートに書き出してみてください。

ネガティブな感情と上手に付き合う

イライラしたり、しゅんとしたり、日々の生活の中で、ときどきネガティブな感情にとらわれることってありますよね。私にも、もちろんネガティブな感情はあります。

物事にはすべて「陰と陽」があり、ポジティブなものには、必ずネガティブな側面があります。逆に、ネガティブなものには、必ずポジティブな側面があります。

たとえば、私は「行動力がある」ところが自分のいいところだと思っています。しかし、考えるよりも先に行動してしまうので、それで失敗することもあり、慎重でなく危なっかしいという側面も同時にあります。また逆に、私は「せっかち」なところが悪いのですが、そのぶん人より仕事が速かったり、効率重視で頭の回転はいいほうだと思います。

このように、視点が変わるとなにごともよく見えたり、悪く見えたりします。

だから、**あなたにとって「ネガティブ」と感じているものでも、視点を変えると「ポジ**

ティブ」に捉えられたり、学びに転換することができたりします。

視点の転換といっても、慣れるまでは、なかなか難しいですよね。

そんなときは、その感情から逃げずにとことん感じてみてください。

たとえばネガティブな感情を持ったときは、「私のこのモヤモヤな気持ちは、どこからきているんだろう?」「悲しいのかな? それとも寂しいのかな? 悔しいの?」とあらゆる質問を自分にし、自分が感じている感覚を掘り下げていくのです。ここでも1－6「ノートに書き出す自分質問術」(41ページ)が役立ちます。

焦らずゆっくり時間をかけて、感じることを大切にしてください。**不安やネガティブな感情はその原因がわからないから消えないだけで、その感情と正面から向き合ったとき、はじめて手放せる**のです。

私がネガティブな感情を持ったときは、すぐに全部なくそうとか、ポジティブに捉えようなどとするのではなく、その感情とゆっくり向き合うようにしています。丸一日かけて行うことだってあります。

自分が嫌だとか苦手だと思っている人や状況に出くわした場合は、どうでしょう。

まず大切なのは、一度、**自分のフィルター（先入観）を外す**ことです。

「嫌だとか苦手と思っているのは、思い込みかもよ？」

「もしかしたら、スゴくいい人かも」

「もしかしたら、この状況はチャンスかも！」

などと思ってから、いざその状況を迎えると、「あれ？　それほど苦手でもなかった」ということがあります。

次に大切なのは、一度、深呼吸をして心と体の力を抜いてみることです。

ネガティブなときや神経が高ぶっているときは、ストレスによって交感神経が優位になっています（交感神経については98ページ参照）。体に必要以上の力が入って、呼吸は浅く、血流も悪くなっています。放置しておくと余計にネガティブになってしまうので、ストレスを解消するために深呼吸するのです。

深呼吸してからもう一度、今の状況と向き合うと、意外にネガティブな感情は少なくなります。

注射をされるときをイメージしてみてください。「くるぞ、くるぞ」とガチガチに力を入れて構えていると、ハリが刺さったときに強く痛みを感じますが、ふーっと息を吐いてリラックスしていると、さほどの痛みを感じません。「あれ？　もう終わり？」と思うのではないでしょうか。ネガティブな感情も、これと同じなのです。

人生において、ネガティブな気持ちにさせる人や出来事を完全に避けて通ることは、残念ながら、かなり難しいでしょう。一度運よく避けて通れたとしても、高確率でまた次に出会ってしまいます。

それはなぜかというと、**あなたに起こるネガティブなこととは、その側面に隠れているポジティブなものを知らせるために起きている**からです。

それを無視し続けたら、気づくまで形を変えて人生に再び現れます。大切なのは、逃げずに一回ずつきちんと向き合うことです。結果、ネガティブなことはあなたの学びとなります。一度きちんと向き合ったものに関しては、あなたはもう対処の仕方がわかっているので、また同じような状況になっても、さほど恐怖を感じないでしょう。

ネガティブなことと向き合うことによって、人は学び、成長していくのです。

わがままと思われてもいい

私は、自分の価値観を大切にし、心に正直に生きることが、目標の達成や人生での充実感を得るために大切なことだ、と思っています。

でも、日本には協調性を重んじる文化があるため、自分の心のままに生きると、わがままに思われるのではないか？　と考えてしまう人も多く、なかなか難しいものです。

それでも、私は自分を犠牲にしない生き方をしていくつもりです。そして、あなたにもどうかそうしてほしいと願っています。

ただし、「**自分を大切にすること**」と「自分勝手」は、紙一重です。

この一線を越えないためには、**自分を客観視できることが必要**です。

自分を客観視するには、前に述べたように、自分についてのリストアップを紙に書き出したり、マインドマップにしたりなど、アウトプットをして、自分を客観的に捉えるのがおすすめです。

また、自分の感情を入れずに、いろいろなタイプの人に「これってどう思う？」と尋ねてみるのも一つの方法です。自分の感情を入れてしまうと、どうしても相手はその感情に引っ張られた回答になってしまうので避けてください。そうすることによって、さまざまな立場からの視点を知ることができ、物事を客観的に見られるようになります。

この場合、いつも自分に共感し、味方になってくれる友だちに聞いても、あまり意味がありません。そういう友だちはたいていが自分と同じ意見で、ただ同調したり、共感してくれるだけです。そのため、結局自分の主観からは抜け出せないのです。

本来みんな「わがまま」でいい

私たちは、「わがままを慎みなさい」と教えられてきましたが、わがままとは本来、「我が」「まま」を表す言葉で、「私のまま」と捉えることができます。「あるがまま」ということですね。そういう意味では、本来みんな「わがまま」でいいと思います。

だから、今の私は「わがままと思われてもいいや」というスタンスでいます。自分を犠牲にしてまでみんなに好かれよう、いい人でいようとは思いません。それが、心に正直に生きるということだと思うからです。

人の目ばかり気にして生きると、とっても窮屈で、結局、自分が疲れてしまいます。

心のままに自由に振る舞う人を見て、「あの人はわがままだな、自分勝手だな」と思う人は、もしかしたら自分に厳しくしている反動で妬《ねた》ましいのかもしれません。

逆に、自分に正直に行動している人は、人の行動や言動でいちいち腹を立てることがありません。フレキシブルに生きていけると、生きるのがとってもラクになるのです。

「わがまま」に生きる人が増えたら、人に気をつかいすぎたり、妬んだりすることがなくなり、とてもいい世界になると思います。

「私は私」と自分に対してＯＫを出すことは、自分の選択に自信を持っていないとできません。そして、**自信を持つためには、自分のことを熟知していなければなりません**。だからこそ、くり返し伝えている「自分とのコミュニケーション」が日ごろから大切なのです。

1-8 Mind

本当に大切なものを守る

私は、仕事でもプライベートでもなにか決めごとをするときには、「相手もＯＫ、なおかつ自分もＯＫ」というときでなければ、ＧＯサインを出しません。「ちょっと引っかかるけれど……まあ、いっか」というときでも、「ＹＥＳ」と言わないことにしています。「相手のためだから」と自分が我慢すると、最終的に相手を困らせることになるからです。

これは、私の経験から学んだことです。

少しの我慢だと思って始めたことは、物事が進行してから「やっぱりできません」ということになりがちです。そうなると、言われたほうがキツイですよね。相手からすれば「あのとき言ってくれればよかったのに！」という話ですし、時間とエネルギーを無駄にさせてしまい、大変失礼です。

私は自分が心から思っていることしか口にしないし、行動しないようにしています。心に思っていないことを相手に合わせて話したりはしませんし、相づちも打ちません。

そうやって自分の意見を正直に述べたり、話を断ったりすると、相手に悪いのではないかとか、その人との縁が切れてしまうのではないかという心配もあると思います。

でも、これも私の経験からですが、妥協した決断の結果、いいものができたことはありません。一応のやりたいこと（doing）を実現できたとしても、充実感はほとんどなく、むしろ、関係が崩れていく（being）こともありました。その逆に、形（doing）にはならなかったけれど、自分の気持ちに正直に従った結果、「お互いに心からわかり合えたね（being）」という関係が築けることもありました。

もちろん、私も最初からこういうスタイルだったわけではなく、さまざまな失敗から学び、体得してきました。

若いころは「人に嫌われたくない」などと、みんなにいい顔をしているときもありました。そういうときって自分の小さな「NO」に聞こえないフリをしているんですよね。すると、いろいろな人や話が集まってきてしまい、今度は「どうやって断ろう……」と、時間とエネルギーを消費して疲れていました。

でも、ある時期から、表面的なお付き合いをしなくなりました。大切な人生の時間を、そこに割かないことにしたのです。

自分にとって不必要なものを見極め、手放すということは、本当に大切なものを守ると

いうことだと思います。そして、手放すというのは「捨てる」とか「切る」という意味ではなく、それ自体に感謝し、一度自分のもとからそっと外に置くというイメージです。

手放したものでも、もしご縁があれば、また自分のもとに戻ってくるからです。

友人でもあるジョン・キムさんの『時間に支配されない人生』という本に「時間とは命である」という表現があり、とても共感しました。

時間の積み重ねで自分の一生が組み立てられているとしたら、あなたはその時間（＝命）をどこに使いたいですか？　本当に大事なものに使いたいと思いませんか？

私は、自分に正直に生きると決め、そういうあり方で日常を過ごしたり、アウトプットしていたら、ピンとこない人は寄ってこなくなりました。むしろ、**自分に正直な決断をして、思考と言葉と行動をともなわせることで、自分と同じ価値観を持った人やチャンスが、どんどん引き寄せられてくるようになりました**。

わがままと思われても、嫌われてもいいのです。わかってくれる人がわかってくれさえすれば十分です。たとえ、誰もが自分の味方じゃなくなっても、あなたがあなたの一番の味方です。「いつも自分のことを信じていられる」という本当の自信を、あなたにもつかんでほしいと思います。

直感に従う

私は、ふり返ればいつも自分に正直に、〝直感〟に従って生きてきました。

自分のことを信じているから、思いきった決断や行動がとれるのです。ですから、すべてにおいて迷いがありません。「人になにか言われたらどうしよう」という不安もあまりありませんし、**直感で選んだことはモチベーションが高いので成功しやすい**、と実感しています。

直感は、本当に大切なものです。ここでは直感について考えていくことにしましょう。

みなさんは、直感についてどんなイメージを持っていますか？

〝天から降ってくるもの〟と思われている方も多いのではないでしょうか。広辞苑には「説明や証明を経ないで物事の真相を心でただちに感じ知ること」とありますが、私にとっての直感とは、〝もともとあったものが内から湧き上がってくるもの〟というイメージです。

つまり、**直感とは、潜在意識から湧き上がるもの**だと私は思っています。

では、潜在意識にうまくつながるには、どうしたらいいのでしょうか。

私たちは日ごろ、顕在意識をフル回転させて物事を考えています。しかし、そのように頭を使いすぎていると、なかなか潜在意識にアクセスすることができません。

いつも頭で考えがちな人は、心で感じることが苦手です。思考と感情は、同時に使うことがとても難しいからです。

そういうときは思考をストップさせることが大切で、その手段の一つとして、体を動かすのがおすすめです。

無になる時間を持つ

体を動かすことは、「思考をいったんストップさせる時間＝無になれる時間」です。

ジョギングやヨガをしている最中、もしくは直後などに、突然ひらめいたり、ある感情を思い出したりした経験はありませんか？　それこそが潜在意識とつながった状態です。

体を動かすことに集中していると、忙しく点滅していた顕在意識の電気がいったん消え、潜在意識と顕在意識がつながり、潜在意識にあったものが浮かび上がってくるのだと思います。

体を動かす以外にも、瞑想《めいそう》をすることでも無の状態になれます。

私の場合、座って行う瞑想は苦手なので、とにかく心から楽しい、ワクワクすることを行います。たとえば、踊ること、好きな音楽を聴くこと、美しいものを見ること、運転することだったりします。

無心で目の前のことに没頭し、思考が止まっていたら、それはもう瞑想と同じで、深いリラックス状態になります。〝静的瞑想〟ではなく〝動的瞑想〟と言えます。

日常の中で、心と体がリラックスできる時間をとれていますか？

忙しさのあまり、心で感じる時間をとれていなかったりしませんか？

日々のＴＯ　ＤＯに追われ、こういった時間を持てなくなると、どんどん直感力は低下します。

私は、つねにいろいろなことを同時進行したり、いろいろな場所へ行ったりして、いつも忙しくしているように見えるかもしれませんが、心は違います。

体は忙しくしていても、心はつねに穏やかであり、一つひとつの出来事やタスクを心で感じる習慣をつけています。だから、忙しくても、状況に引っ張られることなく、つねに自分の〝心〟を主体に考えています。

忙しい中でも、「楽しんでる？」「体は疲れていない？」とつねに自分に問いかけているのです。だから、直感が鈍《にぶ》ることはありません。

このように、**日ごろから潜在意識にアクセスできる環境を整えることにより、直感を磨くことができます**。

無になる時間によって直感を得たら、それを信じて、ぜひ従ってみてください。

私は直感で「いい」と思った場所には、すぐに行きますし、直感で「会いたい」と思った人にはすぐに会いにいきます。

直感に従うことは自分を信頼すること。それをくり返すうちに、どんどん自分と仲良くなり、必要なときに、直感という形で自分が教えてくれるようになりますよ。

旅は人生の冒険！

21歳で経験したロンドン一人旅以来、私にとって「旅」は人生そのものになりました。ですから、多くのエネルギーと時間とお金を旅に投資しています。

これまでに世界25カ国を回りました。現在はあまりストイックにいろいろ回るよりも、お気に入りの都市をたくさん見つけたので、気分や得たいものに合わせて、旅先をセレクトしています。

旅が好きな人も多いと思いますが、あなたはどんな基準で旅先を選んでいますか？

私の場合は、**旅先でどんなフィーリングを得たいのかをまず考えています**。

たとえば、優雅で洗練された気持ちを味わいたいならパリやモナコ、ヘルシーな解放感を得たいならLAやハワイなど。香港やシンガポールに行けば、パワフルで前向きなエネルギーを感じることができます。

旅のいいところは、普段の生活や自分自身を客観的に見られて、新たな視点を持てるようになることです。

悩みがあってどうしようもないなら、とりあえず一人で海外に出てみたら？　とおすすめしたいです。**旅は新しい自分に出会うためにするもの**なのです。

自分と二人っきりの時間を楽しむ

3-7「イマジネーション力の鍛え方」（155ページ）でも述べますが、旅はインスピレーションの宝庫です。

そのときどきで掘り下げたい議題を持っていくと、思わぬ視点を得られて、ブラッシュアップすることができます。私は旅で得たものをビジネスの企画に活かしたり、セルフブランディングのイメージを膨《ふく》らませたりしています。

また、海外を一人旅する場合は、これでもかというくらい一人の時間ができます。

普段日本にいたら、四六時中自分と向き合うことなんてないですよね。でも、旅をしているときは、自分と二人っきりです。それはもう仲良くなるしかありません。だからこそ、向き合いたいテーマを持っていき、その旅でじっくり自分と話し合うのです。

例として、私がモナコでゆっくり自分と向き合ったときに書いた、題して「モナコでの誓い」をご紹介しましょう。

ほかにも「パリでの気づき」や「ハワイでの自分との約束」などもあります。

モナコでの誓い

・この世界を日常にする。
・野暮《やぼ》ったい服は着ない。野暮ったい靴もバッグも持たない。ピンとこない服やバッグはすぐ誰かにあげる。
・英語は必須!! フランス語も少し!!
・親しみを持ったコミュニケーションをする。
・姿勢と視線を意識する。
・毎年モナコ&パリに10日はくる。
・F1観戦にまた絶対くる! 今度はさらにいい席!

1-10 Mind

・いいホテルに泊まる（素敵な方が多いので刺激&出会いになる）。日本でもカフェでなく、ホテルのラウンジでノマドワーク&読書。そして、インスピレーションを得るため、いろんなホテルを回る。
・週に一度は湘南でゆったり過ごす（日本でも手軽にリゾート気分を味わうため）。
・どこにも属さない、特定の誰ともつるまない。私は私でいる。誰もお手本にしない。焦らない。私がロールモデルになる。フェイスブックを見すぎない。

自分の最大限の背伸びをする

そして旅先では、その土地ならではのものを食べたり、その土地でしか着られないものを着たりします。リサーチのため、人気のホテルやスパにも必ず一度は行きます。

年に何度も旅をしている私ですが、人生はいつなにが起こるかわかりません。**そこに行けるのは、一生に一度しかないかもしれない**のです。ですから、その土地をあますところなく味わい尽くす旅をしたいといつも思っています。

二度とその地を踏むことがないかもしれないという思いから、ホテルも妥協せず自分が一番泊まりたいホテルに泊まるようにしています。それはたいがい超高級です。旅の間ずっとそこに泊まるのは無理でも、1泊だけでも必ず滞在します。すると、自分がそのホテルのレベルに引っ張られて、成長する気がします。

昨年のパリでは、一人でシャングリラに泊まりました。1泊10万円以上する高級ホテルですが、できたばかりで話題を集めていました。雑誌「CREA」で見かけて以来、「絶対にここに泊まりたい!!」と張り切っていました。

宿泊客はセレブな方ばかりで、私にとってはかなりの背伸びです！　でも、手帳にスケジュールを書き込みながら、「ここでシャングリラに泊まるのだから、それまでにシャングリラにふさわしい自分になるぞ」と誓いました。身なりだけでなく経済力的にも、つり合いのとれた私になると。

そうしたらどうでしょう、日本に帰るころには、あんなに敷居《しきい》が高いと思っていたホテルが、私の日常になりました。このようにして、私は旅で自分を高めています。

旅は自由です。どこに旅をしてもいいし、どこに泊まってもいいのです。旅先でなにをするのかも決められていません。**せっかく旅に出るのですから、目に見えない多くのものを持ち帰っていただきたい**なと思います。

第2章

美と仕事の両方を
手に入れる生活

Lifestyle

充実感が美しさを作る

これまで私は、さまざまな健康法や美容法について専門的に学んできました。

そして、自分自身がエステティシャン、サロン経営者、セミナー講師として、たくさんの方がキレイになっていく瞬間に立ち会ってきました。

こうした経験を通して、私は、美しさとは心と体の健康から作られるものだと思っています。そして、心と体の健康とは「食事」「運動」「睡眠」「メンタル」の4つの要素から作られると考えるようになりました。

どれが欠けてもダメなのです。とくに、「メンタル」が及ぼす影響は、とても大きいものです。

そこで第2章のはじめとして、「メンタル」と「美しさ」の関係についてお話ししておきたいと思います。

私たちは、顔立ちが整い、スタイル抜群で、メイクもファッションも決まっている人を見たときに、「美しい人だな」と感じますよね。そのいっぽう、ノーメイクでシワもあるのに、楽しそうに笑っている人を見たときも、「美しいな」と感じるものです。

これは、どういうことなのでしょうか。

じつは私たちの目には、表面的な美しさだけでなく、その人の内面も見えているのです。もっと正確にいうと、その人の内面は、表面に表れて目に見えるようになる、ということです。だから、本人がとくに美しく見せようとしていなくても、**内面が美しければその人は美しく見えます**。

では、どんな内面を見たときに、人は美しいと感じるのでしょうか。

それは、本人が自分のことを好きでいて自信があるときです。

自分が好きな人は魅力的

でも、鏡を見ても、どうしても自分を美しいと思えない人もいるでしょう。

そういう人は、まずは「自分の魅力はどこ!?」と血眼《ちまなこ》になって探そうとするよりも、自分を知ることから始めてほしいと思います。自分を知る方法は、何度か説明してきたように、自分に質問をすること、自分と会話を続けることです。

あなたはあなたが思っているよりも、ずっと広くて深く、魅力的です。いいところも悪いところも、強みも弱みも持っています。

いいところだけを知ろうとするのではなく、あなたの全部をまるごと知ってください。

自分の中にあるいろいろな要素を知れば知るほど、愛着が湧いてきます。ただ、要素を知るだけでいいのです。セミナーでもよくそういったワークをしますが、セミナーが終わるころには、みなさん「自分って意外と可愛いなあ」と思うようになっています。

この「自分って可愛いなあ」と思う感覚が芽生えれば、しめたものです。**自分を愛しいと思う感覚が、外から見たときのあなたの魅力になる**からです。「欠点もたくさんあるけれど、そんな自分が可愛い、自分が好き」と思えるようになると、精神的に満たされ、充実感も増して自信が湧いてきます。そうすると、自然と表情が輝き出しますし、動作にも余裕を感じさせるようになります。

人はそれを見て「美しいな」と思うのです。

持って生まれた顔立ちやスタイルにこだわるより、ありのままの自分に納得して生きている人が美人に見えるし、ハッピーなオーラをふりまくことができるのです。

私は、ずっと背の低さをコンプレックスに思っていました。人はないものねだりをするもので、10代のころは外国人のモデル体型のような、すらっとした手足に憧れていました。それに比べて私は、身長が150センチの幼児体型で、脚が短くてイヤだなと思っていました。

でも、自分と対話をするようになり、「こんな自分って可愛いな」「愛おしいな」「逆に私の魅力でもあるじゃない」と思えるようになりました。

すると、まわりの人から「キレイだね」と言われる機会が増えてきました。もちろん、素敵に見えるように外見には気をつかっていますが、やはり内面的な充実感が人に与える好印象こそが「キレイ」なのだと思います。

いっぽう、写真ではうっとりするほどの美人なのに、実際に会うと意外にも「……あれ？」という人がいます。写真は静止画ですが、現実は動画です。

動きや表情、言葉で、本人の内面が透けて見えてしまうのです。

これは逆にいうと、**顔立ちやスタイルよりも、動きや表情が美しさの決め手となる**ということです。

動きや表情に、自分を信じ肯定しているという思いが、美しさとなってにじみ出てくるのです。

内面の美が重視される時代

私が目指しているのは、形よりも、その人自身の知性やあり方に宿る美しさです。

「インナービューティー」「ホリスティックビューティー」という言葉が根づいていることからも、今は表面を飾ることより、内面的な美しさが重視されている時代なのではないでしょうか。

また、表面的な美は誰でも歳とともに失われる部分もありますが、内面にある美は年齢とともに磨き上げていくことができます。

「あり方（being）」が問われるのは、美しさにかぎらず仕事も同じだと思います。

「あり方」とは、その人がなにを信じ、なにを大切にして生き、それを行動として体現できているか、ということです。

理想を語れる人は多いのですが、その人が語る言葉とその人の行いが一致していないと、その人に対する信頼度は下がります。

反対に、言葉と行動が一致している人は、人から信頼されます。実際に成功している人たちは、私の経験上、そういうタイプの人が多いと思います。

あなたにもぜひ、自分のあり方を、ビューティーや仕事で表現していただきたいと思います。

心にスペースを作る

「あの人は、きっとこういう人だろう」
「前も失敗したから、どうせ今回もうまくいかないよ」……。

あなたは先入観や固定観念でモノを見たり、判断したりすることはありませんか？
でも、先入観や固定観念は、持っているだけで損をすることが多いものです。ですから、なるべくまっさらな、「ニュートラルな状態」でいることをおすすめします。

たとえば、はじめて会う人と商談をする場合、「なんだかこの人苦手……」と思ったまま1時間過ごすのと、最初はそう思ってしまったけれど、すぐにそんな自分に気づいて「あ、今、自分はこの人のことを苦手と思っている。この先入観を外そう」と思って1時間過ごすのとでは、同じ時間でも相手から受け取るものはまったく違ってきます。

人間なので、相手に対してなにかしら感情を持ってしまうことは仕方がありません。ネガティブな感情を抱いてしまってもいいのです。ただ、そのネガティブな感情に気づかないまま過ごすか、気づいてそれを客観的に受け止められるかには、大きな違いがあります。

これは映画や本にも言えることです。

作者や出演者、評判などの先入観を持たず、ニュートラルな状態でいると、意外にも自分の心に響いたり、考え方のヒントが見つかったり、思わぬ収穫があるものです。

もちろん、逆にポジティブな先入観のフィルターをつけて、よりよく捉えられるというケースもあります。たとえば、憧れの人がおすすめしたものは、実際よりよく感じたりするかもしれません。ミシュランに掲載されたレストランなども同じように、おいしく感じるかもしれません。

私が一番問題だと思っているのが、自分自身に対する先入観や固定観念を持つことです。残念ながら多くの人が「私ってこうだから」「私には無理」などと、自分に対して先入観を持っていると感じます。

先入観にとらわれていると、本来自分が持っている可能性を十分に発揮することができません。

自分の能力を開花させ、夢を叶えるには、人に対しても、モノに対しても、自分に対しても、「ニュートラルな状態」で接することが大切です。

感情のクリーニングでアンテナを磨く

それでは、どうしたら「ニュートラルな状態」になれるのでしょうか。

私たちは、つねに頭の中が考えごとでいっぱいだと、まわりのことに気が回らなくなって、周囲の情報が拾えなくなります。そういう状態は、アンテナが鈍っているので、自分のところに来た新しいものにも、なかなか気づくことができません。

ですから、まずは頭をいっぱいにしている、モヤモヤや焦りといったネガティブな感情や多すぎていらない情報などは捨てて、頭の中にスペースを作ってほしいのです。

つねにスペースを確保しておけば、アンテナがうまく働き、有益な情報がキャッチできます。また、物事と向き合うゆとりを持つことができるので、集中力が増し、パフォーマンスが上がります。すると、モチベーションも上がります。

こういった雑念を追い払うことを、「感情のクリーニング」といいます。

感情のクリーニングには、自分の心が穏やかになるものを利用すればいいと思います。

たとえば、海や森に行ったり、好きな写真を見たり、ヒーリング系の音楽を聴くのもいいでしょう。

私は『みんなが幸せになるホ・オポノポノ』というハワイに伝わるおまじないの本が大好きです。どんなときでも「ありがとう」「ごめんなさい」「許してください」「愛しています」という4つの言葉を唱えると感情のクリーニングになると教えていて、私も実際にそうしています。

この4つの言葉にかぎらず、「これを唱えると心がクリアになる」という言葉があれば、その言葉を大切にして、心や頭がパンパンになったときに唱えてください。

そのほか第1章で述べた、直感を磨くための〝動的瞑想〟も「感情のクリーニング」と言えます。

ニュートラルな時間を過ごすと、そこから戻ってきたとき、「あ、私はけっこういらないものを持っていたんだ」と自分を客観視でき、いらないものを手放すきっかけをつかめます。

私にとって、ストレッチや犬の散歩なども、心をクリアにする時間です。短い時間でも一日に何回も行うことで、いつも心と頭のスペースを確保することができます。


心と頭にスペースがあると、情報がキャッチしやすくなります。

実際、私も瞑想的な時間を持つことで、仕事に関する思いがけないヒントを得たり、お会いしてみたかった方とつながれたなど、それまでキャッチできなかったような情報がどんどん入ってくるようになりました。

雑念を持っていると、自分自身の可能性を狭めてしまいますし、有益な情報をキャッチすることができなくなってしまいます。

「頭の中が雑念でいっぱいになってないかな?」

「固定観念にとらわれていないかな?」

「世の中ではこう言われているけど、本当にそうかな?」

と、自分を疑ってみたり、ふり返る習慣を持つといいと思います。

そうすれば、同じことをするにも、得るものが以前とは断然変わってきますよ。

体にスペースを作る

感情をクリーニングし、心にスペースを作ろうという話をしました。
今度は、体のスペースの話です。
私たちがモチベーションや集中力を高くしていられるのは、どんなときでしたか？
そう、心にスペースがあるときですね。
でも、「体のスペース」も大いに関係しているのです。

食後は、胃にものが入っているので、消化に多くのエネルギーがとられ、全身の血液が胃に集中します。消化という活動が、体の仕事の中で最優先に行われるからです。そのため、脳に血液が回りにくくなります。また、食事をすると体をリラックスさせる副交感神経が優位になります。こうしたことによって、おなかがいっぱいになると、眠くなったり、集中力が低下したりします。つまり、**胃腸にスペースを確保しておくことが、集中力やモチベーションを維持するためのカギ**なのです。

胃腸にスペースを持つためには、「消化に負担をかけすぎないようにすること」です。

私は午後に大事な仕事がある場合は、ランチをサラダなどの軽いものですませるようにしています。そのほか食事で気をつけていることは、グルテンを含む炭水化物を極力とらない、お肉を食べるときには一緒にたくさんの野菜を食べる、野菜やフルーツからビタミン、ミネラル、食物繊維、酵素をたっぷりとる、腸内環境を整えるために納豆やキムチなどの発酵食品を多く食べる、加工食品よりも素材を活かしたものを食べる、などです。

もちろん、たまに嗜好《しこう》品を食べたり、食べすぎたりしても構いません。楽しい食事の時間は心の栄養ですから。ただ、**次の日の食事では必ず調整して、1週間単位で考える**ようにしてみてください。

ちなみに、私が食事について一番衝撃を受けて参考になった本は、世界中でベストセラーになった『フィット・フォー・ライフ』です。

ファスティング（断食）も有効です。これこそまさに〝体内をニュートラルにする〟代表的な方法といえるでしょう。ちなみに女性は、妊娠する前に正確な知識や指導のもと、最低3日間のファスティングをしておくといいと言われています。

なぜならば、出産は最大のデトックス。体に不要なものなどが、胎盤を通して第一子にすべて受け継がれてしまいます。出産を機にお母さんのアトピーが治ったけれど、子どもがアトピーになったというケースは少なくありません。

また、水も大切です。私たちの体の約60％は水でできているので、いい水を入れるようにしています。必要以上にとることはありませんが、体内の浄化を促すために水をこまめに飲むようにしています。その際、必ず白湯か常温で飲むようにし、体温より低い水は極力避けます。飲んだら、循環をよくするために体を動かしてくださいね。

このように**消化に負担をかけすぎない食事をしていると、「消化管」をいつもキレイにしておくことができます**。

消化管とは、口から、喉《のど》、食道、胃、小腸、大腸を経て、肛門までの一本の長い管です。いつも消化に負担がかかるものを食べている人は、消化しきれなかったものが、ヘドロのように消化管の内側にこびりついています。すると、せっかく栄養価の高いものを食べたとしても、その栄養を十分に吸収できなくなるのです。

また、消化できなかったものは、それ自体が有毒となり、ガスを発生させたり、悪玉菌を増やし腸内環境を悪くしたりします。

美容と健康のためにも、消化に負担をかけすぎない食事が大切なのです。

皆さんも、体の内側からキレイになる食事を心がけてみてくださいね。

体が欲するものは心のサイン

感情のクリーニングをし、胃腸に適度なスペースがあると、心と体がまっさらな状態になります。すると、**自分が本当に必要としているものがわかるようになります**。そういうときは、ぜひ食べたいものを素直に食べてください。

逆に、心と体にスペースがなく、余裕がない、戦闘モードのときには、ラーメンや甘いお菓子など、栄養が偏《かたよ》った、消化にも負担のかかるものを食べたいと感じます。

でも、そういうときも、私は我慢せず食べてもいいと思います。なぜなら、バランスをとるために体と心が欲しているからです。

ただし、「食べたいんだから食べちゃえ！」と投げやりになるのではなく、「本来これは体によくないのに、なぜ今すごく食べたいと思うのだろう？」と自分の心と体の状態を一度ふり返ってみてほしいのです。

ただ食べて紛《まぎ》らわすのではなく、そういう状態になってしまう根本的な原因にアタックするようなことを考えて、実践してほしいと思います。もしかしたら、ライフスタイルや思考パターンを変化させたほうがいいというサインかもしれません。そういったサインを体は何度も送っているのにそれに気づかないと、病気になったりします。

ストレスが多い毎日を送っていると、一日の終わりにアルコールを飲まないと眠れなかったり、考えごとをしていたら、無性にコーヒーやチョコレートが食べたくなったりする方もいるかと思います。

反対にたとえば、マッサージを受けて心と体がリラックスしたあとには、ハーブティーやドライフルーツがおいしく感じられ、ラーメンやケーキなどを食べたいとは思わなくなっているはずです。

ナチュラルなものを食べておいしいと感じられたら、「私は今、心と体の状態がいいんだ」と理解してほしいし、逆にそうじゃないものを欲するときには、自分のマインドやライフスタイル、ビジネススタイルに何かしらの原因があるので、それはなんだろうと考えるきっかけにしてほしいと思います。

だから、食についての過剰な我慢はおすすめしません。

このように、心と体は深くつながっています。

体のベースがマインドを作り、マインドが体を作っているので、どちらに問題があってもうまくいきません。仕事ができて私生活も充実している人は、どちらかに傾くことなく、うまく両方のバランスをとっています。

ただ、ヘルシーな生活を送っている人が健康で長生きするとはかぎりません。あまり頭で考えすぎると、それがストレスになり、逆に健康を損ねてしまうような気がします。意外と何も考えていない人のほうが、バランスがよかったりすることもあります。

私はこれまで、さまざまな食事法や美容法、健康法を勉強したり実践したりしてきました。自分に合うものも合わないものもとことん試し、トライ&エラーをくり返して、ようやく「自分にとってのベストはこの辺なんだ」とわかってきたところです。

あなたも、あなたにとってのベストバランスを見つけてくださいね。

手放すことを習慣にする

さあ、まだまだスペースの話が続きます。なぜならチャンスをつかめるかどうかは、スペース次第といっても過言ではないからです。

スペースを作るために、どうしてもしなくてはいけないことがあります。

それは「手放すこと」です。

「断捨離®」という言葉に始まったここ数年の〝片付けブーム〟は、いらないものを処分しながら、私たちが過ごしている空間や心にスペースを設けよう、というものですね。

私自身、手放すことがすでに習慣になっています。

たとえば自分の家も、時間があるとつねに整理しています。主人の母と仲がよくて一時同居していたことがあるのですが、そのとき「朋美さんはなんでも捨てちゃうから、出しておくのが怖いわ（笑）」と言われていました。私はいつも「さーて、次はなにを捨てようかな？」と考えていて、目につくところになにかあると、「お母さん、これいらないですよね？　捨てていいですか？」とすぐに言っていたからだと思います。

心の中も、いつもノートに書き出して「これはいる、これはいらない」と仕分けして、スペースを作ることを習慣にしています。


余分なものや余分なマインドを手放すと、できたスペースに新しいものやチャンスが入ってきます。新しいものを買うときも、まず今あるなにかを捨ててから買います。

ただ増やすということをしません。**あらかじめ自分のキャパを決めておく**のです。

心の状態とお部屋の状態はつねに連動しています。

部屋が散らかっているときは、あなたに片付ける時間とエネルギーがないときです。そういうときは、心の余裕もないので、仕事のチャンスも気づかずに逃しがちです。

逆に、「そういえば最近お部屋が散らかったままだな」と気づいて片付けを始めると、視界や気分もスッキリとするので、同時に心の中も見渡せて、小さなことに気づいたり、アンテナを張れるようになるのです。

スペースがあるとは、つまり、「いつでも大きなチャンスをキャッチできますよ！」という状態にしておくことなのです。

いつもぐるぐる循環させる

なにかを手放してスペースを作り、そのスペースに新しいものが入ってきたら、また別のものを手放してスペースを作る。私はつねに自分のキャパは満タンにせず、スペースを確保するようにしています。

いつもスペースがあれば、いつでも新しいことをキャッチできます。つまり、いつもぐるぐると循環させているイメージです。**循環させているから、手放してもすぐに次の新しいものが入ってくる**のだと思います。

これはお金や愛、チャンスも一緒です。

いつまでも自分のもとにとどめておこうとすると、ついそれをなくさないようにという守りのエネルギーが働きます。それは度がすぎると依存になり、結局は外にあるチャンスに目を向ける機会を失って、自分を苦しめることになります。

だから、**お金や愛、チャンスは抱え込まず、どんどん必要な人のところに譲り、循環させていく**ことをおすすめします。

ただ、多くの人が手放すことが苦手で、いろいろなものを手放せずにいます。

手放すことは、勇気が必要です。失ってしまったら、また得ることは難しいのでは？という心理が働くからです。

でも、それはいわゆる「先入観」にすぎません。

思い切って実際に手放してみるとどうでしょう？　意外と「こんなものか」と思うのではないでしょうか。少なくとも、私は手放す決断をして、手放して困ったことがありません。そういう経験をくり返しているから、私は「手放すこと」に自信がついていて、ためらわずにできるようになりました。

いっぽう「手放して困った場合はどうするの？」という疑問が出てくると思います。それは手放してスペースができたにもかかわらず、そのスペースばかり見つめて、外を見られていない状態です。

そんなときは視点を変えましょう。すぐ近くにチャンスがたくさん待っているはずです。

私も勇気を持って捨てた服を、あとから「ああ！　着ようと思ったのに、あのとき捨てたんだった！」ということがあります。でも、すぐに「あの服は今の私には必要ないってことだったのね。だったら欲しくて迷っていたあの服を思い切って買ってみようか！」と視点を変えます。すると、「新しい服を着た新しい自分に出会えて、ワクワクするし、自分の魅力を再発見できるかもしれない！」と思うようになります。

あなたにも、このくらいポジティブな側面に焦点を当ててほしいと思います。

まだ見ぬ自分に出会う

自分自身を一つの〝小さなコップ〟と考えてみてください。

水がどんどん入ってきたら溢れてしまいます。溢れないようにしていると、新しい水は注ぎ足せないし、コップの中の水は澱《よど》んでしまいます。

同様に、手にしているものを自分のところで止めていたら、なにも循環しないので発展も成長もストップしてしまいますよね。すると、さらに「これをなくしたらどうしよう」

と必死になり、新しいものをキャッチするアンテナが鈍ってしまいます。

そうではなく、「これはもともとないものだったから、なくなってもまた自分で作ればいいや」という感覚でいると、気軽に手放すことができて、つねに新しいものが入ってくるようになります。

モノ、お金、キャリアなど、自分で築いたものは、たとえなくしても、もう一度自分で作ることができます。

「なに一つ手放すまい」としがみつくより、「さあ、どうぞお好きに持っていってー♪」と思うようになって、私の中でいろいろなことがスムーズに運ぶようになりました。

執着を手放すことで、つねにフレッシュな気持ちで、一瞬一瞬の自分の感情と向き合うことができるようになったと思います。

「どうも身動きが取れない」と感じたとき、あなたはきっと余分なものや思いを抱えています。

私は、いろいろなものを手放していくうちに、「私には、今自分が信じている才能以外にも、もっと別のなにかがあるのかもしれない」と思うようになり、ついに2年前、自分が立ち上げて8年間経営していたサロンをすべて手放しました。

決断をして行動した結果、現在は新しいビジネスがどんどん広がり、ファンタスティックなライフスタイルを実現させています。

2年前の私からは想像がつかない世界だったと思います。


居心地のいい範囲を「コンフォートゾーン」と言いますが、成長とはじつはこの外にあるのです。コンフォートゾーンの外に出るためには、古い習慣を一度手放さなければなりません。

といっても、**なにも大きな変化ではなく、いつもとちょっと違う新しい選択をしてみればいいだけ**です。すると、そこには新しい世界が広がり、まだ見ぬ自分（可能性）に出会えるはずです。

モチベーションを上げてくれる人と時間と空間を共有する

ビジネスを成功させるために必要なことを一つだけあげるなら、私は「お金」でも「人脈」でもなく、「モチベーション」だと思っています。

モチベーションさえあれば、お金も人もそこに集めることができるからです。

だから、とにかくモチベーションをコントロールすることが重要です。とは言っても、それが一番難しかったりもしますよね。そのためには、もちろん自分とのコミュニケーションが一番大切ですが、簡単にできる方法として、付き合う人を選ぶことです。

自分の気持ちを上げてくれる人と、なるべく一緒に時間を過ごしてください。

私自身、少しでも「ああ、無理。できないかも」と不安になったら、「なに言ってるの、あなたならできる!」と言ってくれる人のところに行きます。身近なパートナーや家族、友だちが、これを言ってくれる人だといいですよね。

ほかにも、自分のなりたいイメージをすでに実現している人に会いに行ったりします。もし、そういう方が日常で会える方ではない場合、セミナーに行ったり、本を読んだり、「こうなりたい！」とイメージさせてくれる映画を観たりもします。

また、時間だけでなく、憧れの人と環境を共有するということも極めて重要です。たとえば、憧れの○○さんのお気に入りというカフェやショップに行ってみる。同じものを使ってみる。おすすめしていた本を読んでみる。おすすめしていた旅行に出かけてみる、などです。

こうしたことは、その人の視点に立つ一つの手段であり、**その人と同じ環境を作れたなら、思考もその人に近づくはず**だと私は考えます。

だから、これまで私は自分が憧れる人が言ったことを、素直に取り入れてはすぐに行動し、さまざまな気づきを得てきました。それをくり返すうちに習慣となり、さらにいろいろな経験を積むことで、自分のオリジナリティを作り出してきました。

人付き合いにおいては、普段から先入観を持たずに人と接することを心がけて、なるべくいろいろなタイプの人と付き合うようにしています。

するとと、さまざまな視点を得ることができます。

また、ここにいるとモチベーションが上がるというグループもいくつか持っています。大きく分けると2種類あり、一つは、**「安心と楽しみ」というモチベーションを与えてくれる人たち**。

つまり、昔から私のことを知っている人たちや、趣味や遊びを通して知り合った人たちです。職業や家庭環境など、表面的なものが違っていても、なにかしら共通の価値観で結ばれているので、この人たちと一緒にいると安心したり、無条件で楽しめたりします。

もう一つは、**「刺激」というモチベーションをくれる人たち**です。

私のまわりには起業したり、フリーランスで働いている人が多く、精神的にも自立し、型にとらわれることなく自由に自分の人生を生きています。そういう素敵な友人からは、いつも会うたびに刺激をもらいます。

「安心と楽しみ」と「刺激」。両方とバランスよく付き合っていくことです。なんでもメリハリが大切ですね。

心地よいものに囲まれる環境作り

持ちものや着るもの、食べものには気を配っていても、環境に無頓着《むとんちゃく》な人は多いのではないでしょうか。環境は大きく変えることが難しい要素ですが、できる範囲でいいので妥協しないでほしいと思います。

心地よいものに囲まれた空間で過ごしていると、感性が刺激され、実際にモチベーションが上がり、仕事もはかどるからです。

環境について、私の例をご紹介しますね。

私は家で仕事をすることも多く、一日のうちで一番長く過ごしている場所はリビングです。ですから、リビングは私の好きなホテルライクな空間にしていて、つねに整理整頓し、シンプルにしています。

また、大好きなカサブランカの花をつねに飾るようにしています。

カサブランカは、最愛のパートナーである主人とサントリーニ島で結婚式をあげた際に飾った花です。カサブランカを見ると、そのときの幸せな感覚がよみがえります。カサブランカの凜《りん》とした高貴なたたずまいに、私もこうありたいと思い、自然と元気が出て、モチベーションが上がります。

たとえば、講演などの出張先で緊張しているときも、カサブランカの花を買ってホテルの部屋に飾ります。すると、我が家にいるように落ち着き、テンションも上がってきます。

生花のほかにも、観葉植物や動物など、動くものや生きているものを置くと風水的にもいいと言われているので、自然のものを取り入れるようにしています。

みなさんも**自分なりにモチベーションを上げるスイッチを目に入るところに飾るといい**でしょう。

香りにも気を配っています。

人工的なものより自然の香りが好きなので、アロマオイルを活用しています。アロマオイルの香りには、種類によって、集中力を高めたり、気持ちをリラックスさせたりするほか、食欲増進、殺菌作用などなど、じつにさまざまな効果・効能があります。

仕事柄アロマオイルは30本くらい持っているので、その中から体調や気分に合わせて2~3種類をブレンドして芳香浴をしたり、天然塩に好みのオイルを2~3種類たらして作ったバスソルトをお風呂に入れたりして楽しんでいます。

音は、気分とTPOに合わせて使い分けています。

基本的には、リラックスしたいときは、ヒーリング系やクリスタルボウル、ゆるいジャズなどを流し、ホームパーティーでお客様を招いたときは、ラウンジ系のおしゃれな洗練された音楽で場を盛り上げます。ドライブやランニングのときは、ノリノリのダンスミュージック、仕事に集中したいときは、無音のときもあります。

同じ朝の時間でも、目覚めたばかりのときと、そろそろエンジンをかけようと思うときとでは音楽を変えるなど、**一日中同じ音の中で過ごすことはまずありません。なぜなら、音は自分のマインドにとても影響を与えているからです。**

ライティングについては、自然光が好きで、できればいつも太陽のあたる場所にいたいと思っています。リビングにもあえてカーテンはつけず、ブラインドにして基本的に全開にしています。

外から丸見えにならないように、ベランダには真っ白のパーテーションを置き、その前にはたくさんの観葉植物を集めてプチジャングルにしています。それをリビングから見ると、まるでリゾートにいるような気分になり、心が穏やかになったりインスピレーションが湧いたりします。

外出中も、極端に暑いときや寒いとき以外は、オープンカフェや窓際の席を選びます。紫外線は美容的にはNGなのですが、日焼けを気にして居心地の悪い席に行くよりも、日焼けするかもしれないけれど、**心がハッピーになるほうを選択します**。私は外側のキレイよりも、内から溢れ出る魅力あるキレイを目指しているからです。

夜も蛍光灯は使いません。ホテルのラウンジのような、ラグジュアリーな雰囲気のある光が大好きなので、間接照明にしています。

また、もともとインテリアを考えるのが大好きで、サロンの内装をお願いしていた方に、家も、仕事場も、自分が心地よい空間になるように、できる範囲で作り替えてもらっています。

模様替えもよくします。壁紙を張り替えたり、家具の配置を変えたり、新調したり。部屋の中に、つねにフレッシュ感があると飽きないし、同じ仕事でも新鮮な気持ちで取り組めます。

環境にこだわるというと、高級な場所に行ったり、高級なものを身の回りに置いたりすることと思われがちですが、決してそうではありません。**自分の心が喜ぶもの、ワクワクしたり、リラックスできたり、あなたにとってのオンリーワンを見つけることが私のいう「環境にこだわること」**なのです。

とくに、時間的にもエネルギー的にも余裕がなくなってくると、どうしても心のアンテナが鈍ってしまいます。そんなときは、可能なかぎり自分が心地よい空間に身を置いてみてください。そのような空間では、自然とリラックスできるので、少し心に余裕が生まれ、身の回りのことを丁寧に、かつ感性豊かに受け止めることができるのです。

すると、またアンテナが働き出して、大事な情報を教えてくれたり、日常生活の中にワクワクすることやハッピーなことを見つけられるようになります。

自律神経を味方につけて効率よく過ごす

私はSNSでさまざまなパーティーの様子をアップしているので、夜型人間と思われがちですが、じつは午後10時から午前0時ごろまでには就寝して、6時から8時には起きる〝超朝型人間〟です。

理想は、太陽とともに目覚め、日が暮れるころから穏やかに過ごし、日付が変わる前に寝ることです。じつはこのスタイルは、「一日の自律神経の動き」と連動しているのです。

最近は、本や雑誌、メディアなどでも、自律神経がたびたび取り上げられているので、すでにご存じの方や興味をお持ちの方もいらっしゃると思います。私自身、**自律神経に沿った生活を送っていると、メンタルも体調も安定しますし、美容にもいい**と実感しています。

ここではまず、自律神経と私たちの体の関係について見ていくことにしましょう。

自律神経とは、心臓をはじめとする内臓の動き、呼吸、体温調節、発汗、消化機能、代謝、ホルモンの分泌など、私たちの意思とは別に働く神経のことをいいます。

自律神経には「交感神経」と「副交感神経」があります。交感神経は、日中に働いて心身を活動的にし、副交感神経は、夜間に働いて心身を休養モードにさせます。**私たちの体の機能を最大限に発揮させるには、この自律神経に沿った生活を送ることがポイント**です。

では、自律神経に沿った生活とは、具体的にどのようなものか、私の一日のスケジュールとともにご紹介しましょう。


交感神経の働きがピークを迎える、午前中〜お昼ごろにかけては、集中力が高まる時間です。企画書の作成や勉強など、頭を使うものはこの時間帯に取り組みます。すると、夜やるよりも効率よく進められます。体を動かすトレーニングもここで行います。

通常12時にお昼なのですが、ランチを食べると副交感神経にスイッチが入ってしまい、せっかくの交感神経の時間帯がフル活用できません。ですから、ランチミーティングが入っていないかぎり、ちょっと時間を外して14時くらいに食べることが多いです。

そのあとは、夕方まで仕事の続きです。ミーティングやブログを書いたり、メールの返信をしたり、合間にちょっと家に戻って犬の散歩やお昼寝をすることもあります。

副交感神経が働き出す夕方以降は、なるべくハードな仕事は入れずに、落ち着いて過ごすようにしています。夕方から夜は、セミナーも極力やりません。

外食しがちなイメージがあるかと思いますが、私が外食をするのは週に2回くらいです。外食をするなら、基本的に午後7時~9時の間と決めていて、だらだら外で過ごすことはあまりありません。パーティーにご招待いただいた場合は、わりとマメに顔を出しますが、1時間くらいで切り上げて帰ってきます。

午後9時以降は、基本的に犬たちと家でゆったり過ごします。原稿チェックなどの軽い仕事をすることもありますが、読書やセルフメンテナンスをしたり、たまに友だちが家にお茶をしにくることもあります。

そして、午後10時~11時にお風呂に入り、ボディマッサージなどを行います。ゆったりした動きのヨガやストレッチは、副交感神経にスイッチを入れてくれるので、副交感神経の働きがピークに近づくこの時間帯にやっています。

さらに午後10時以降は寝るための準備として、照明を落とし、パソコンもなるべく見ません。寝る30分前からは、再びベッドの上でストレッチをしたり、リラックスするアロマを焚《た》いたりして、眠るための最適な状態を作っています。

そして、午前0時ごろには就寝します。

忙しい現代人は、一日中、交感神経をフル回転させたまま過ごしがちです。すると、夜になっても副交感神経に切り替わらないので、心身が休息できず、メンテナンスができません。ですから、**夕方以降は意識的に副交感神経が働くように持っていくことが必要**だと考えています。

朝はゆっくり過ごしてモチベーションを上げる

副交感神経から交感神経への切り替えも大切にしています。

たとえば、朝は目覚まし時計などで慌ただしく起きて、バタバタ出かけていくようなことはしません。起床は毎日午前6時〜8時の間で自然に目覚め、ベッドの上で「どんな夢を見たかな」「今日はどんな一日にしようかな」などと静かに考えたり、隣で寝ている愛犬たちの顔を見て「可愛いなあ」などと幸せな時間を過ごしたりします。

そのあと、起き上がってまず一杯のお水を飲み、ベランダの植物に水やりをしながら太陽の光を浴びて、ゆったりと家事を始めます。メールチェックやブログなども朝行います。朝食は、スムージーか、おなかが減っていたら、玄米や野菜たっぷりのみそ汁などです。そのほかにも、お顔と体のストレッチ、メイクなど、起きてから出かけるまでに、最低3時間くらいはとっています。

このように**余裕を持って朝を過ごすことで、素晴しい一日の準備をし、モチベーションを高めている**のです。

自律神経がおよぼす影響の大きさに気がついたのは、サロン時代です。一人ひとりのお客様の不調の原因を探そうと、解剖生理学や心理学、ヒーリングなどを学ぶ中で、自律神経に行きあたりました。

交感神経と副交感神経のリズムに合わせた生活を送るよう、お客様にアドバイスをすると、そのあと、例外なく体調や肌の調子が改善されました。また、私自身、自律神経に沿った生活を意識するようになって、かなりのハードスケジュールでも体がついてくるようになりました。

メンタル面についても同様で、交感神経がピークのときには活動的に、副交感神経がピークのときにはゆったりと過ごすことで、ストレスはかなり軽減されていると思います。自分のストレスは、生活を見直すだけでも大部分が改善できるのです。

質のよい睡眠のとり方

さて、せっかくなので睡眠のことについても触れておきたいと思います。

私は多忙な日々を送っているせいか、「朋美さん、いつ寝てるんですか?」とよく聞かれます。じつは毎日6~8時間は寝ています。疲れているときはそのぶん長めに睡眠時間をとり、つねに自分のエネルギー量に見合った睡眠時間を確保するようにしています。

睡眠中は、体の再生とメンテナンスが盛んに行われています。とくに、脳では寝ている間に、記憶や情報の処理がされています。つまり、眠らないと得た知識や考えを潜在意識に落とすことができないのです。

質のいい睡眠を得たいなら、パソコンやスマホ、ケータイなどを寝る前に見るのはやめましょう。ディスプレイから出ているブルーライトの強い光を見ると、交感神経を優位にしてしまいます。交感神経と副交感神経は、一方が上がればもう一方が下がるという、シーソーのようなバランスで働いています。ですから、寝る前に交感神経を優位にしてしまうと、副交感神経が下がりよい眠りにはつけません。

また、アラームがわりにスマホやケータイを枕もとに置いて寝る人が多いと思いますが、電磁波の影響で体内に活性酸素が大量に発生し、寝つきが悪くなったりします。

さらに、意外に昼間の過ごし方も重要です。昼間の時間を活動的に過ごして交感神経をしっかり上げておかないと、寝ている間に副交感神経が十分に働かず、浅い眠りになってしまいます。理想は子どものように、日中は太陽の下で走り回り、夜は早めに就寝という習慣です。すると深い眠りにつけて、寝ている間に成長ホルモンがたくさん出ます。大人にとって成長ホルモンとは若返りのホルモンなので、美容にも健康にも大変効果的です。

朝と夜は潜在意識にいいものを入れる

起床時と就寝前は、潜在意識にメッセージを植えつけやすい時間です。

とくに、**眠りそうなウトウトした時間や、朝起きたばかりの夢か現実かわからないような時間は、半分潜在意識とつながっています。そのときに、どれだけポジティブなものに**

2-7 Lifestyle

囲まれているかが大切です。

だから、寝る前には一日に感謝したり、楽しかった出来事を思い出したり、お気に入りのサウンドや香りに包まれたりしてほしいと思います。寝具や寝室のインテリアも心地よいものにしてください。朝も、目覚めて最初に視界に飛び込んできたものが一日のイメージにつながるので、部屋が散らかったまま寝ないようにしましょう。枕もとに大好きなお花やキレイなボトル、石などを置いておくのもおすすめです。

また、朝、最初に鏡を見たとき、自分自身に「今日もいい感じ！」などとポジティブな言葉をかけたり、SNSでも「今日は気持ちのいい朝ですね！」など、自分も見た人もハッピーになれるような書き込みをします。アウトプットすることによって、そのポジティブなイメージは自分にインプットされ、一日をいい気分で過ごすことができます。

みなさんも、潜在意識にいいものを入れるように、就寝前、起床後の過ごし方を少し意識してみてください。

私がこれまで見た中で、仕事で成功し充実感も得ている人は、どなたもきちんと睡眠時間をとっています。睡眠を犠牲にすると、仕事のクオリティや対人関係、自分の健康など、ほかのなにかも犠牲にしてしまうことをぜひ忘れないでくださいね。

メイク直しより表情筋ストレッチ

私たちの顔には、小さいスペースながら約50種類もの表情筋があります。それらが、表皮や脂肪の土台となって支え、動くことによって、複雑な表情を作り出しているのです。

私は日ごろからセミナーなどで、「メイク直しより表情筋！」と言っています。

それは、**「肌の表面的なところをいじるより、表面を作っている表情筋から問題を解決したほうが、成果が上がりますよ」**というメッセージのつもりです。

表情筋も筋肉なので、あまり使っていなかったり、逆に酷使《こくし》したりすると、こってしまいます。

私は人前に出るとき、トイレなどで「アイウエオ体操」をよくやっています。これは顔のストレッチのようなもので、「アイウエオ」の形で、口を思い切り縦や横に開けたりすぼめたりしながら、顔全体の表情筋をダイナミックに動かす体操です。

必ずしもアイウエオでなくてもいいし、声を出す必要もありません。

同時に目も、上下、左右を見たり、ギュッと閉じたりして大きく動かすと、目もとがパッチリします。これを1分くらいやると、笑った表情がまったく変わります。こわばってないし、自然に口角が上がってイキイキとした笑顔になります。

とくに、午前中は表情筋がほぐれていない状態なので、アイウエオ体操をしたり、鏡に向かってちょっとしゃべっておいたりすると、そのあといろいろな表情ができるので、おすすめです。

セミナーも、始まる前よりも1時間後の写真のほうが断然、写真うつりがいいんです。それは、一生懸命話すことで表情筋を使っているからだと思います。

表情筋を動かすことには、血液とリンパ液の循環をよくする効果もあります。

夕方になって疲れが出てくると、循環が悪くなって、顔色がくすんできたり、目の下にクマができます。この場合のくすみは、ファンデーションを重ね塗りして隠すのではなく、アイウエオ体操のような顔のストレッチやツボ押し、腕・肩・首まわりのストレッチを行ってください。

こりがほぐれて循環がよくなると、肌色がワントーン明るくなって、ファンデーションを塗らなくてもよくなり、口角もキュッと上がります。

「メイク直しより表情筋！」の意味を、わかっていただけたでしょうか。

そのほか、メイク前に耳を引っ張ったり回したりするのもおすすめです。顔の血流がよくなり、メイクのノリもよくなります。

肩こりや腰痛などと違って気がつきにくいのですが、顔も案外こっているものです。

私のパーソナルトレーナーの方に教えてもらったのですが、上あごと下あごのつなぎ部分やこめかみのところにある咀嚼筋《そしやくきん》はこりやすいので、ここをくるくると指先でほぐすだけでも、ほうれい線やあごの下のたるみが解消されるそうです。

根本からアプローチする美容

意外な美容の盲点についても、お話ししましょう。

それは、首のケアです。

よく言われるように、首は年齢が出るパーツです。首に深いシワが刻まれてからあわててケアするのではなく、今のうちからお手入れをしてほしいと思います。**「デコルテまでが顔」**だと思って、化粧水や美容液、クリームも、顔だけでなく首からデコルテまで伸ばすようにしてください。

じつは顔のマッサージも、首やデコルテと大いに関係しています。

首には太い血管やリンパ管があり、鎖骨周辺にも静脈やリンパ管が集まっています。ですから、顔だけマッサージしても、顔から下に流れる出口を用意しておかないと、結局、老廃物が滞ったままになってしまうのです。

顔のマッサージをするなら、左の鎖骨の下がリンパの最終出口にあたるので、最初にここをほぐしてください。次に、肩を回してわきの下のリンパ節をほぐし、首からあご、鎖骨に向かって流しておきます。それから、顔のマッサージをするとよいのです。

顔のマッサージは、マッサージオイルなどを使って、摩擦《まさつ》が起こらないようにして行いましょう。リンパ節に向かって、ぐいっと流し込むようなイメージで押すと、停滞していたリンパがスムーズに流れるようになります。

また、顔の皮膚と頭皮は一枚の皮でつながっているので、顔のリフトアップをしたければ、頭皮のこりをためないように、日ごろからマッサージなどをするといいでしょう。

私は毎日、「スリムセラ」というゲルマニウムローラーで、顔や首、デコルテ、頭皮をマッサージしています。

最近いいなと思ったサロンは、「スペリアルメソッド」といって、特殊なスティックを使って表情筋や顔のツボにアプローチしながら、顔の筋肉のこりをほぐし、歪《ゆが》みを整えてくれるものです。いわゆる小顔矯正のように、思い切り押したり骨格にアプローチするわけではなく、筋肉のこりがとれて、ほうれい線が薄くなったり、目が大きくなったりします。

エステを選ぶときも、ぜひ根本からアプローチすることを視野に入れて、見つけていただければと思います。

2-9 Lifestyle

忙しくても効率的にキレイになる方法

エステ関係の記事をよくSNSにアップしているせいか、「長谷川さんは、日ごろのお手入れは、プロにお任せしているのではないか」と思われることも多いです。しかし、それはまったくの誤解です。

たしかに仕事柄、取材でさまざまなエステの体験をしています。ですが、それはあくまで美意識を上げるためのエッセンスを得ることや、プロの技術を学んでプライベートのケアに活かすのが目的です。

もちろん自分へのご褒美に、心と体のケアとしても行きますが、月に1回程度。海外など旅先でのスパは私にとって、半分はマーケティングリサーチのようなものです。

自分でケアできるところは、できるかぎり自分でがんばりたいと思っています。

ダイエットについてもそうですが、**人任せでいると、そのときに欲しい結果は得られる**

かもしれませんが、やめたとたんにもとに戻ってしまうというのでは悲しすぎます。

いつも言いますが、私は表面的な治療でなく、根本的な改善を目指しています。美しい肌やボディライン、心を手に入れたければ、毎日コツコツとよい習慣を積み重ねることに尽きます。

ここでは私が実際にやっている、毎日の生活で効率的にキレイになる方法をお伝えいたします。

忙しい朝の〝ながらビューティー〟

忙しい朝などによくやっているのが〝ながらビューティー〟です。

たとえば、化粧水や美容液、乳液のつけ方は、それぞれが肌に完全に浸透したのを確認してから、次のステップに移るようにしています。

でも、そのプロセスをずっと洗面所で行っているわけではありません。

まず、ローションパックをしたまま、掃除や洗濯などの家の仕事や、体のストレッチ、頭や耳のツボ押しなどをして、時間を使っています。そして、顔からパックを外したら、残っている美容液で体をパッティングします。

歯磨きのときも、インナーマッスルに力を入れて、かかとを上げ下げしたりして、ふくらはぎの筋トレをします。

このように**美容の待ち時間でほかのことをやると、「美容にかける時間がない！」というストレスをだいぶ減らせる**と思います。

小さな力で大きな効果を得る

入浴中は脚のマッサージをしますが、これにもコツがあります。ふくらはぎのマッサージの前に、脚のつけ根（鼠蹊部《そけいぶ》）やひざの裏のリンパ節を軽くほぐしておくのです。

脚がむくむ原因は、リンパや血液の流れが悪くなっていることにありますが、鼠蹊部やひざ裏にはリンパ節といって、リンパ管が集まってくるポイントがあります。ここをほぐすことでリンパの流れがスムーズになるため、そのあとにふくらはぎをマッサージすると、すぐにスッキリするのです。

上半身の場合は、鎖骨のまわりやわきの下のリンパ節をほぐしてから行います。

気になるところを、いきなりピンポイントでマッサージするのではなく、全体をほぐし、流しやすくしてからアタックすると、より小さな力で大きな効果を得ることができます。

これは、マインドや仕事においても同じことが言えます。

たとえば、「自分に自信が持てない」という場合は、**「そうなってしまう原因はなんだろう？」と探ってほしい**と思います。

「容姿に自信がないの？　どうすれば容姿に自信が持てるの？」「人と比べてしまうマインドから？　どうして人と比べてしまうの？　うらやましいの？　どうしたらそれを手放せるの？」など、自分に質問していくのです。質問をくり返していくうちに、根本的な原因にたどりつきます。

ビジネスも一緒です。

「これは売れない、どうしよう。じゃあ広告でも出すか」という対症法ではなく、「これが売れないのには、どんな根本的な原因があるんだろう」と掘り下げていくと、たとえば商品のビジュアルが悪い、スタッフのモチベーションが低いなどに行きあたるかもしれません。

根本的な原因が見つかれば、真に有効な対策が打てると思いませんか？

食べ方からキレイになる

効率的にキレイになるため、食べものもさることながら、「食べ方」はとても重要です。食事をするときは、まず食物繊維やビタミンを多く含む野菜やたんぱく質など、吸収させたいものから徐々にとっていきます。

糖質から食べると、血糖値が急上昇してしまうため、同じ量を食べても太りやすくなってしまいます。血糖値が急上昇すると、膵《すい》臓からインシュリンというホルモンが出て血糖値を下げますが、一気に下がりすぎてしまうため、また血糖値を上げようとして、甘いものを欲してしまうのです。

このくり返しが続くと、中毒症状になります。これは脳にも悪影響で、メンタル面も安定しなくなります。

また、空腹のまま、いきなり次の食事をしないようにしています。しかし、いつも自分が食べたいものを好きな時間に食べられればいいのですが、仕事の関係で、なかなかそうはいかないことも多々あります。ですから、食事と食事の間があまりにもあいて、おなかが減ってしまいそうなときは、軽くなにかをつまみながら仕事をし、空腹にならないようにしています。

空腹のまま次の食事をすると、血糖値が急上昇するなどして健康によくないからです。空腹時につまむものは、少量のナッツやドライフルーツ、野菜などです。

サプリメントも空腹のタイミングを利用して体に吸収させています。私はサプリメントを常用していませんが、ちょっと栄養が足りてないかな？　とか、疲れているかな？　と思うときはとります。

ただし、一般的なサプリメントは、欲しい栄養素よりも、実際はカプセルや凝固剤などの添加物が大半を占めるというものもあります。そのあたりに気をつけて、私がおすすめできるサプリは、ヘルシーパスのサプリメントと、カタクチイワシ由来のフィッシュオイル（オメガ3）を安全なカプセルに詰めた「AOZA」です。オメガ3のオイルは炎症を抑え、血液をサラサラにし、細胞膜をやわらかくします。

ほかにも、普段からインカインチオイルや亜麻仁油《あまにゆ》も食事からとっています。ココナッツオイルもおすすめです。

不調のしくみを知って、病院に頼りすぎない

2-10 Lifestyle

私たちが仕事に打ち込めたり、プライベートを楽しめたりするのは、健康な体があってこそですよね。

ここでは、「忙しくてもできる体のメンテナンス」について考えてみたいと思います。

私は、あまり病気をしません。

体がだるいときは思い切って半日寝てみると、起きたらスッキリしています。

病気になる前の「もう少しでなりそうだな～」という状態を見逃さず、先に予定を変更して、しっかり寝る日を作っておくので、予定を突然キャンセルすることもありません。

それでも年に一度くらいは、風邪をひいて熱を出すこともあります。たいてい帰省しているときや休みに入ったときで、気持ちがゆるむため、体が「今なら毒出しをしてもいい

かも！」と思うのでしょう。

発熱は、体に侵入してきたウイルスや菌を殺すために体温が上がる症状ですが、そもそも体にたまった毒や老廃物の大掃除という役割があるので、むしろ、たまに熱を出したほうがデトックスになります。

こういった**根本的な発熱のしくみを知っているので、どういうふうに過ごせばいいのかがわかります**。

一般の人が「熱が出た、頭が痛い、喉が痛い、病院に行かなくちゃ」と思うとき、私は「熱が出るということは、いらないものを外に出そうと私の免疫が戦っているのね。だったら、その戦いにエネルギーを集中させるため、消化にエネルギーを使わないよう、あまり食事はとらず、ゆっくり横になっていよう。そして、いっぱい汗をかいて悪いものを出そう」という対策をとることができるのです。

頭痛のときも、同じようなことが言えます。

「頭が痛いから薬を飲まなくちゃ」ではなく、頭が痛いというのはどういう状態だろう？と考えるのです。頭が痛いときは、なんらかの原因で血管が固くなったり、細くなったりしていて、そこに血液がドクンドクンと流れるから痛みを感じるのです。

2-10 Lifestyle

痛み止めを飲むと血流が抑えられるので、痛みは感じなくなります。でも、痛みの原因自体は解決されていませんよね。あまりにも痛いのであれば、多少飲むことは仕方ありませんが、むやみに薬に頼ることを習慣にしていると、どんどん血流が悪くなり、低体温の原因にもなります。

このように、**病気に対しても美容と同様、できるかぎり知識をつけて自分でケアしたい**と思っています。

だからといって、病院に行くなということではありません。本当に必要なときもあるので、あまりストイックに考えないでくださいね。むやみやたらに病院や薬に頼るな、ということです。

未病ケアを工夫する

私は普段、あまり病院に行かないので、医療費はほとんどかかりません。

でも、そのぶん**「未病」のケアには、時間とお金をかけています**。

未病とは、東洋医学独特の考え方で、「病気というほどではないけれど、体調がすぐれない状態」のことをいいます。西洋医学では病名がつかないような、疲れや冷えなどの日常的な不調にも対応できるので、私は未病という考え方は理にかなっていると思っています。

私が未病ケアに取り入れているのは鍼《はり》や漢方などです。生活の中では、ハーブティーや精油も、体調に合わせて使い分けています。

運動についても、未病ケアと同じ意識で行っています。

つまり、「太っちゃった、どうしよう!」とサプリに頼ったり、エステサロンに駆け込むのではなく、太らないために習慣的にインナーマッスルを意識した姿勢や歩き方をしたり、トレーニングをするのです。

具体的なトレーニングとしては、パーソナルトレーニング、ヨガ、ベリーダンスなど、気が向いたときに単発でやっています。ドロップイン(単発)だと割高ですが、「毎週通わなきゃ!」と頑張るよりも、気がついたらやるというペースが、結果的には長く続けられて、私には合っているみたいです。

なんでも続けることが一番重要です。続けるためには、うまくモチベーションを保たないといけないので、いつも自分の心に「楽しんでる？」と声をかけてあげてください。

ほかにも、打ち合わせの合間やパソコンでの仕事をしていてちょっと疲れを感じたときは、腰を回したり、体側を伸ばしたりしています。

また、体が緊張しているときは、交感神経が優位にあり、呼吸が浅く血流が悪くなっています。そこでストレッチや深呼吸をすることによって血流をよくすると、頭もさえて、いいアイデアが湧いてきたりします。

リビングには、ストレッチポール®が置いてあり、気づいたときに乗って体をほぐしています。通常はポールを縦に、背骨に合わせて使うのですが、背骨に横に置いてポールを転がしながら、背中を上下にマッサージするなど、オリジナルの使い方をいろいろ楽しんでいます。

みなさんは、「肩が痛いな」「背中が痛いな」というとき、すぐにマッサージに駆け込んでいませんか？　プロのお世話になる前に、一度体を動かしてみてください。肩こりや腰痛は、血流やリンパの滞りが原因なので、体を動かして流れをよくすると、痛みがやわらいできます。

脚がむくんだときも、軽くスクワットをしてみてください。スクワットをするとふくらはぎの筋肉が伸縮してポンプの役目を果たし、脚にたまっていた血液やリンパが再び心臓に押し戻されて、むくみがスッキリします。


エステやマッサージは、自分へのご褒美やモチベーションを上げるときには嬉しい存在です。でも、頼りすぎるのはちょっと違うのではないでしょうか。**体のメンテナンスのベースには、自分の不調の根本にアタックすることと、できるところは自分でケアすること**にあると思います。

毎日の小さな体の変化にちゃんと気づいて、セルフケアをできれば、病院に行く時間も薬代も取られません。むしろ、未病ケアをいつもしているので、毎日元気に過ごせているのです。

体は乗り換えのきかない魂の乗りものです。一生付き合っていくものなので、こまめにケアしながら、仲良く付き合っていきたいですよね。

第3章

夢を叶える
働き方

Business

「7つの習慣」手帳術

ここからは、いよいよビジネスの話に踏み込んでいきたいと思います。

ビジネスをスムーズに進めていくためには、スケジュールの管理が必須です。

スケジュール管理に欠かせないものといえば手帳ですが、あなたはどんな手帳をお使いですか？

私が長年愛用しているのは、フランクリン・プランナーの手帳です。この手帳に出会ったきっかけは、スティーブン・R・コヴィーという人が書いた『7つの習慣』という本を20代前半に読んだことです。私の人生の参考書ともいえる本で、とてもおすすめの一冊です。

本を読んだあと、「7つの習慣」を実践できる手帳があると知り、それがフランクリン・プランナーだったのです。思い立ったら即行動派の私は、それからすぐに使い始めました。

時間を〝縦〟に把握できる一番小さな手帳

必ずしもフランクリン・プランナーの手帳でなくても構わないと思いますが、手帳を選ぶ際のポイントが、2つあるのでお伝えします。

一つは、持ち歩きやすいサイズであることです。

〝夢を叶える系〟の手帳は、大きめで厚みがあるなど、しっかりしたサイズ感のものが多いです。でも、女性は小さいバッグを持つことがあるので、手帳が大きいとバッグに入らなかったり、入っても中でかさばり、はじめは持ち歩いても、最終的にはスマホやケータイにメモしたりして、使わなくなってしまいます。

大切なのは、つねに持ち歩き、そのとき感じたことなどをタイムリーに書き込むことです。インスピレーションや感情はナマモノなので、あとで書こうと思っていると忘れたり、色あせたりしてしまいます。

私はいつでもどこでも持ち歩きたいから、フランクリン・プランナーのシリーズの中で一番小さなサイズのものを使っています。

もう一つのポイントは、時間の流れを〝縦に〟把握できることです。

時間は30分〜1時間刻みで区切ってあるものが使いやすいでしょう。

でも、30分刻みだと細かすぎて、毎日書くのが面倒でなかなか続かないという方もいらっしゃるかもしれません。それは、〝doing〟のスケジュールだけを書いているからです。

私は、**予定を書き込みながら同時に、「そこからなにを得たいのか?」「どんな気持ちでいたいのか?」という〝being〟も意識している**ので、書くのが楽しくて仕方ありません。

〝being〟は、あなたのモチベーションとなります。

仕事でもなんでも、そこにモチベーションがあれば、基本的に面倒なことは一切なく、楽しくて疲れないはずです。

やり方がよくわからないという人は、まずは第1章にある「ワクワクのリストアップ」(23ページ)に戻ってみましょう。

一日がマスになったカレンダー形式のものや、一週間の各曜日のスケジュールを横に書いていくタイプの手帳もありますが、それだと一日のタイムラインを把握するのが難しく、細かなスケジュール管理がしにくい、と私は思います。

TO DOリストで締め切りを設定する

では、私の手帳術を具体的に見ていきましょう。

まず、一日のタスクを思いついたら、すぐTO DOリストに書き込みます。

私の使っているフランクリン・プランナーの場合は、一日8つまで書けるようになっています。書ききれなかったら、付箋《ふせん》に書いて貼ってもいいでしょう。

「その日までにやること」は、**実際の締め切り日の前日くらいに自分の中での締め切りを設定し、その3日前くらいからカウントダウン**していきます。終わったタスクは必ずチェック印をし、終わらなかったもの、先延ばしするものは、新たに設定した締め切りまで矢印を引っ張っておきます。

先送りしっぱなしではなく、必ず新しい締め切りを設定することが重要です。これをくり返すことで、今自分が取り組むべきタスクがなんなのか、ひと目で把握できるようになります。

そして、週末に手帳を開いて、1週間をふり返ります。

「今週はだいたいできているな」とか、「先送りが多いけれど、先送りの原因はなんだろう?」など、自分と会話をしながら、スケジュールを立て直したりしています。

先送りが多い場合は、「できないからダメだな、がんばってもっとやらなければ」ではなく、そもそもそれにモチベーションが湧かないということなので、それ自体をTODOに入れることからまず見直します。

くり返し伝えますが、モチベーションが湧かないもの（心がともなっていないもの）は、いくら目標にしても無駄です。仮に物事が達成できたとしても、心は満足しません。

これはあくまでも、私に合った手帳術です。

取り入れられるところは取り入れて、さらにあなた仕様にカスタマイズしてくださいね。

明日できることは明日する

右の見出しを見て、「え？〝今日できることは今日する〟じゃないの？」と思われた人もいるかもしれません。

やるべきことをガンガンこなしていける私ですが、そのいっぽうで、モットーは「明日できることは明日する」だったりします。そういうと、いつもとても驚かれるのですが……。

ここでは、私の「明日やろう精神」についてお話しします。

私は「延ばせるものは、ひたすら延ばそう！」と思っています。

なぜなら、すべてのことに対して「今やらなくちゃ！」という姿勢でいると、つねになにかに追われ、窮屈になってしまうからです。

いっぱいいっぱいになって時間や心にスペースがなくなると、本来の自分の力を発揮することができません。このスペースの話は、すでにしましたね。スペースがないと内側のことばかりフォーカスしてしまうので、外から入ってくるチャンスやいいサインを見逃してしまいがちです。

反対に、「明日に回せることは、明日やればいいじゃない」と思っていると、時間と心に余裕が持てて、本来の自分のポテンシャルが発揮できるし、外から入ってくるチャンスをキャッチしやすくなります。

その結果、パフォーマンスが上がります。

「今やること」と「先延ばししていいこと」の**優先順位のつけ方は、私の場合は基本的に、「ワクワクするかどうか」**です。言い換えれば、モチベーションがあるかどうかです。今の段階でワクワクしないものはとにかくあと回し、先送りです。

仕事において、私がいつもスピード感があるのは、ワクワクすることから順番に取り組んでいるから。モチベーションが高いものはやっていて楽しいので、速く進むし、やってもやっても疲れません。楽しいことをしているとつねにエネルギッシュでいられて、そこにはプラスのオーラが広がり、人やチャンスが集まってきます。

もちろん、ワクワクしなくても、やらなくてはいけない物事もあります。

私の場合、事務作業などがそうです。お勤めされている方でしたら、仕事自体がそもそもワクワクしないという場合もあるかもしれません。

でも、物事自体は変えられなくても、取り組む気持ちを変えることはできます。

ワクワクしない仕事ほど、私なら自分のお気に入りの場所でしたり、お気に入りの音楽や香りで演出したり、思いっ切りおしゃれをして取り組んだり、**モチベーションが高い状態に持っていくよう、あの手この手で自分のご機嫌をとります**。

それは、命を捧げるに値する仕事か？

また、そもそも「その仕事、私がしなくてはいけないのだっけ？」という根本的なところも考えます。

私はある時期から、人に回せるものはどんどん回しています。最初は「相手に申し訳ないかな」「そのぶんお金もかかるし」などと思っていましたが、意外にそれは自分の過剰な思い込みであることがわかりました。

もし仕事を人に頼むにあたって（仕事にかぎらず、お子さんがいる方がシッターにお世話を頼む場合も）、人件費がかかることを気にしているとすれば、その考え方はすぐに捨ててください。結局は、自分で抱えきれずにイライラしたり、具合が悪くなったりしてその時間を有効に使えず、本末転倒になってしまいます。

時間とエネルギーは資源です。

多少相手に悪いと思っても、お金がかかったとしても、自分が余裕ある状態をキープするための時間とエネルギーをきちんと確保することは大切です。それが日々のパフォーマンスを上げるための秘訣です。

日本人は責任感が強いためなんでも抱えがちですが、あなたが「自分でやらねば」と思い込んでいるだけで、ほかの人にとってはそうではないかもしれません。

「餅は餅屋」という言葉がありますが、自分にとっては苦痛で時間がかかることも、それが得意で好きな人からしたら、なんのこともありません。役割分担が大切です。

「こうあるべき」という固定観念を思い切って一度捨ててみると、自分がラクになるし、自分ができないということをきちんと人に見せることで、その仕事を得意とする人が手をあげるようになるので、まわりからのサポートも受けやすくなります。

また、あなたに頼まれて嬉しいと思う人も、実際にいるのです。


では、逆にワクワクしないことを頼まれたら？

それは第1章でお伝えしたとおり、自分の心に正直にお断りしています。時間の積み重ねで命は成りたっているのですから、**命を捧げるに値するかどうか？　を判断基準にしています**。


スケジュールを徹底管理する私と、先送りする私。

一見矛盾しているように思われるかもしれないですが、「今の自分がワクワクすることをする」という点にフォーカスすれば、ブレていないのです。

たくさんの仕事をこなしているはずなのに、いまいち成果が上がらなかったり、毎日のスケジュールに追われて心をなくしていませんか？　そんな人は、「明日やろう精神」を取り入れてみてください。心と時間にゆとりを取り戻してパフォーマンスも上がれば、結果、少ない時間でも多くのことを得られて充実すると思いますよ。

咀嚼タイムでクオリティを上げる

私は一日に、多いときで5~6件の仕事のアポイントが入ります。

そういうときは分刻みのスケジュールになるのですが、アポイントから次のアポイントへ、慌ただしく移動しているわけではありません。打ち合わせの間には、必ず「咀嚼《そしゃく》タイム」というものを設けています。今回は、この咀嚼タイムについて説明したいと思います。

咀嚼タイムで吸収度合いが3~4倍に膨らむ

咀嚼タイムの意義は、2つあります。

一つは、**前の時間に起こった出来事をふり返り、文字通り咀嚼して、そこから得たものを自分で認識する**ことです。

たとえば、ミーティングなどで人に会ったときは、そのあとの咀嚼タイムで「今回の時間からなにを得たのだろう？　私はなにを与えることができたかな？　そして今の気持ちは？」と、ふり返ります。自分が自分のインタビュアーになるイメージです。

「ミーティング、どうでした？」「どんな気づきを得たんですか？」「相手の印象は？」「次回に向けて、なにかアクションできることは？」などを、自分に質問して答えていきます。

私はもう慣れてしまったので、頭の中で咀嚼していますが、最初のうちは咀嚼の質問とその答えをノートに書き出していました。

咀嚼タイムで気づきを5つくらいリストアップし、その一つひとつについて考えると、ただ「ミーティングができた、よかったな」とすませるよりも、**同じミーティングの時間から得られるものが、3倍にも、4倍にも膨らみます**。

誰かの話を聞いたあとや本を読んだあとも、必ず咀嚼タイムを設けます。

同じ本を読んでも、人によって吸収度合いは変わってきます。同じ本を10回読んでも理解が浅い人もいれば、1回しか読んでいないのに内容を体得して実践できる人もいます。

心の深いところで本の内容を受け止めるために、読みっぱなし、学びっぱなしではなく、咀嚼タイムを十分にとることが必要だと思います。

自分の言葉になるまで理解する

物事の吸収や理解を深めるには、咀嚼タイムだけでなくアウトプットの習慣も重要です。

私は本を読むときや人の話を聞くときは、自分がただ受け手である読み方、聞き方はしません。つねに主体的に、その話を聞いて自分はどう思うか？　ということを考えています。

また、この話を人に伝えるのならばこう、と要点をまとめながら聞いたり読んだりします。そして、実際に**インプットしたあとは、なるべく24時間以内にそれをなにかしらの形でアウトプットします**。まとめたものをノートに書いてみたり、ブログに書いたり、人に話したりアウトプットすることによって、さらにインプットは深まります。

ただ聞いただけ、読んだだけのものでは知識として未熟です。

私はさまざまなジャンルのセミナーをしていますが、これは自分がすでに知っていることとをお話ししているのではなく、自分が理解を深めたいものをテーマにしています。

人に伝えるからには、それにおいて深いレベルの理解が必要なので、それをリサーチしたり、自分の言葉になるまでくり返し勉強したりします。アウトプットできてはじめて、それは自分の知識として落とし込めるからです。

咀嚼タイムをとれないならアポは入れない

咀嚼タイムのもう一つの意義は、次の時間に対する準備ができることです。仕事の準備だったり、心構えや心のスペースの準備だったり、これから一緒に過ごす人をイメージしながら、静かに自分の態勢を整えます。

友だちとのランチのあとも、そのまま次の仕事のミーティングに流れることはせず、最低15分は咀嚼タイムを一人で過ごします。咀嚼タイムと準備や移動、余裕も含めて、予定と予定の間には必ず1時間はあけるようにしています。

咀嚼タイムの必要性に気づいたのは、30歳を過ぎてからです。歳とともに自分とコミュニケーションができるようになり、自然と習慣化していきました。

咀嚼タイムを設けないと、次から次へ慌ただしいままスケジュールが移り変わり、“doing”はこなせたとしても、そこに“being”がついていきません。ですから、**咀嚼タイムがとれないなら、いっそのことアポイントを入れない**ようにしているのです。

私の場合、英語のレッスンも一緒で、準備もふり返りも時間がとれないまま、ただ1時間レッスンを受けるのと、準備とふり返りをしっかりして、実際のレッスンを15分受けるのとでは、後者のほうが断然効率がよく知識を吸収できます。

また、そもそもアポイント自体の時間を必要以上に長くかけません。通常のミーティングは1時間、友だちとのランチは長くても2時間までです。「実りあるミーティングだった！」「本当に楽しかった！」と思えるのは、ただその時間を長く過ごすことより、集中力と、感じる心のゆとりの問題ではないでしょうか。

咀嚼タイムを過ごすには、場所も重要です。

ポイントは、自分が心地よいところで過ごすこと。

同じ1時間の咀嚼タイムでも、ざわざわしたコーヒーショップで、たばこの煙がモクモクしている中で過ごすのと、緑のある水辺のオープンカフェで静かに過ごすのとでは、咀嚼の内容が大きく変わってきます。

もし、移動できない場合は、テーブルのまわりをキレイに整えたり、お気に入りのドリンクを注文するなど、演出にはこだわります。

そのときできる最善の、心地よいと思える空間にこだわっていただきたいのです。

大きな咀嚼タイムを作る

これまであげてきたのは一日の中の咀嚼タイムですが、私は一年の中での咀嚼タイムも設けるようにしています。それが海外旅行です。

普段忙しく走っていることが多いので、プロジェクトが切り替わるときや、自分の中での節目の時期には、必ず一人で海外に行き、1週間じっくり咀嚼タイムにあてたりもします。

咀嚼タイムを入れることで、一つひとつのアポイントに全力投球できるようになり、クオリティの高い時間を過ごせます。

あなたもできる範囲で、ぜひ咀嚼タイムを入れてみてくださいね。

その荷物、本当に必要？

私はいつもとくに仕事場を決めずに、カフェやホテルのラウンジ、旅先など、自分が心地よいと思った場所で仕事をしています。

このようにオフィススペースを持たない働き方をする人のことを「ノマドワーカー」（通称：ノマド）と言います。「ノマド」とは、英語で「遊牧民（nomado）」を意味する言葉で、最近では企業に属しながらもノートパソコンやスマートフォンなどを使いながらノマドワークをする人も増えているそうです。

ここでは、私がノマドワークをするときの持ち物をご紹介しましょう。

なにはなくても、**まずは手帳**です！

3－1『「7つの習慣」手帳術』（124ページ）でお話ししたとおり、私は手帳を駆使してスケジュールやモチベーションを管理しているので、手帳がないとさまざまな支障が出てしまいます。最近は、スマホにスケジュールを記入する人が増えていますが、私はあえて紙とペンを使って予定を書き込むほうが好きです。自分で文字にしたことは、潜在意識に落とし込みやすいからです。

ちなみに手帳に書き込むペンは、こすると文字が消えるタイプのペンです。スケジュールの書き換えやメモが多い私には、普通のボールペンだとスペースがなくなってしまうので不便です。思いついたときにさっと書いて消すことができるほうが、感情やインスピレーションをナマのまま文字に閉じ込めることができます。

次にＰＣです。私はMac Book Airを使っていますが、画面は少し大きなサイズのものを持ち歩いています。写真などの画像を扱うことが多く、画面が大きくないとイメージが湧きにくいためです。スマホで確認した画像も、必ずあとでＰＣを開いて見直します。小さな画面ではわかりにくいこともあります。ブログも必ずＰＣで更新していますし、オンラインショッピングなどをする場合も、極力ＰＣからです。

それからノート。この本でもノートの使い方については、たびたびご紹介してきましたね。漠然としたイメージを明確化するときや、潜在意識にアクセスして新しい発想を紡《つむ》ぎ出すときなどに必要です。

本も持ち歩きます。いつも読みたい本や読みかけの本があるので、そのような本を仕事の息抜きにカフェで読むのが楽しみです。

さて、ここでようやく**スマホ**です。「スマホがないと生きていけない！」という人も多いかもしれませんが、私は意外とそうでもなく、スマホやケータイの2台持ちもしません。たとえば電話帳ですが、私の行動範囲や人脈からすると、かなり少ない人数しか登録していません。じつは過去2回、電話帳が全部消滅してしまい、誰一人連絡先がわからなくなったことがあります。「きゃー、どうしよう！」とパニックになってもおかしくないところですが、逆に私はスッキリしました。本当に必要な人なら、かかってきたときに聞くなり、共通の知人に連絡先を教えてもらうなりして、登録すればすみます。さらにフェイスブックなど、別の手段でつながることもできます。

写真も、撮ったらすぐにブログやフェイスブックにアップしてしまい、それがアルバム代わりになるので、最悪スマホのデータがなくなってもそれほどショックではありません。

あとは、**化粧ポーチとお財布**です。化粧ポーチの中は、お化粧直しに必要な最小限のものだけを入れています。

持ちものにこだわる

人それぞれに、仕事やプライベートで必要なものは変わってくるでしょう。

ただ、私自身はいつも無駄なものを持ちたくないと思っています。

そして、持ちものもワクワクするかしないか、〝being〟を基準に選んでいます。

面倒だけどきっとこれが必要になるかも……という基準では選びません。

人でもモノでも、多く持ちすぎるのは選択の決断を鈍らせるし、行動やアンテナを鈍らせることにもつながります。いつも身軽でいたいので、今の自分に必要のないものはどんどん手放していきます。

「今は必要ないけれど、将来もしかしたらまた使うかも？」と思う人もいらっしゃるかもしれません。でも、その場合も、とりあえず処分してみてください。そして、いざ必要なときがきたら、また買うなりして手に入れればいいのです。

そのぶん、自分が残すと決めたものや持ち歩くものについてはこだわっています。

たとえば、ＰＣやスマホはキラキラのデコレーションをしています。これは私のオンラインショップのデコ商品を手がけてくれているデザイナーさんにしていただきました。

私の場合、キラキラしたものを見ていると、気持ちが上がります。ＰＣのアップルマークのまわりはスワロフスキーでキラキラにデコをしているので、仕事でＰＣを開けるたびにワクワクしますし、カフェで「それ、素敵ですね！」などと、人から声をかけられることも多いです。

また、色も大切にしていて、そのときどきのテーマカラーが私にはあります。これもモチベーションを上げるスイッチの一つになります。自分のテーマカラーを設定することは、セルフブランディングにも役立ちます。

あなたも一度、本当に自分に必要なものを徹底的に厳選してみてはいかがでしょうか。

本当に必要なものは、案外多くはないことに気がつくと思います。

多すぎる「モノ、人付き合い、情報」を整理し、心地よいものに囲まれると、とてもシンプルに物事が考えられるようになり、本当に大切なものにエネルギーを使えるようになります。そうすれば毎日がもっと充実し、イマジネーションのアンテナにたくさんのものが引っかかるようになりますよ！

たくさんのやる気スイッチを用意する

「やるぞ！」と思って始めたのに、すぐに集中力が途切れて続かなくなることってありませんか？

私自身、すごく飽きっぽいので、こういうお悩みにはとても共感できます。そんな私が実践している、モチベーションを持続させる方法について、ご紹介しましょう。

私は、**仕事も家事も「あ、今ただの作業になっちゃってるな」と思ったら、その時点でいったんやっていることをストップさせます。**

そして、「よし、じゃあ犬の散歩に行くか」「お料理しようか」というふうに、別のことにしばらく取り組んでみます。すると、頭や体のエネルギーが切り替えられて、また、中断したことがやりたくなったりします。そしてワクワク感がよみがえったときは、一気に加速して取り組めるようになります。

だから、私は一つのことだけをやるよりも、つねにいろいろなことを同時進行していま す。PCで作業をしていて飽きてしまったら、家の片付けや掃除をしたり、本を読むこともあります。同時にいろいろな種類のものをちょっとずつしていると、自分自身が飽きずに取り組むことができるのです。

このように、**モチベーションを持続させるためには、自分を飽きさせないツールをどれだけ用意できるかがポイント**になってきます。また、モチベーションが上がるスイッチになるものを、いくつかのレベルで用意できたら完璧です。

「もう飽きた、集中力の限界だ」というときは、「これを自分に与えたらやる気になるかも！」「それでダメならこれだ！」「これでもダメならあれ！」というものを5段階くらい用意し、次々に投入していきます。

小さな子どものご機嫌をとるときと一緒です。最初はキャンディーでつるけどダメならケーキ、ケーキでダメなら公園、公園でダメなら遊園地みたいな感じです。

私の場合、家で仕事することに飽きたらスターバックス、スターバックスでダメならホテルのラウンジ、ホテルのラウンジでダメならプールサイドや海外で。手近なところから

3-5 Business

スペシャルなものまで幅広く用意しています。

私は、仕事やプライベートで頻繁に海外に行きますが、長時間のフライトもまったく苦になりません。自分を飽きさせないグッズをいくつも機内に持ち込んでいるからです。

たとえば10時間のフライトだったら、まずはノートです。自分と向き合って夢のリストアップや今の心境、感情などを書きます。

本は最低3冊。1冊はそのとき勉強したいと思っているちょっと難しい本、2冊目は写真が多くてさらっと読める美容本、3冊目はモチベーションアップ系の自己啓発や、単純に好きなスピリチュアル系の本など、それぞれジャンルの違う本を用意します。読んでいる途中で飽きたら、そのまま最後まで読み続けるのではなく、すぐに別の本を読み始めます。

次にPC。仕事や写真整理をするためです。

これらのグッズを代わる代わる投入しながら、「本を読んで飽きたら、写真の整理しよう」「目が疲れたら寝よう」「目が覚めてやる気が回復したから勉強をしよう」「また飽きたら、お酒を飲んでこれからの自分について考えてみよう」……と、いろいろなことをやっています。

暇どころかむしろ忙しいくらいで、機内サービスの映画は一切観ません。はたから見たらせわしないのかもしれませんが、私自身はずっとワクワクしています。この機内での過ごし方が、私の日常であり、仕事のスタイルそのものなのです。

「やりたくない」を「やりたい！」に変える方法

せっかくなので、「やりたくない」を「やりたい！」に変えるマインドの持ち方についても考えてみましょう。

とくに仕事では、苦手なことややりたくないことにも取り組まなければいけないケースがあります。そのとき、どうしたら「やりたい！」と思えるようになるのでしょうか。

一つは、**「環境」を変えることです。やりたくない仕事ほど、自分が大好きな場所や居心地のいい環境を整えて取り組んでほしい**と思います。

それから**「人」を変えること。大好きな人や尊敬できる人と一緒に取り組めれば、やりたくないこともモチベーションが湧きます**よね。

ここで私自身の「やりたくない」を「やりたい！」に変えた例をご紹介します。

3-5 Business

私は、マラソンが嫌いです。疲れるからイヤというよりも、走ることは私にとって変化がない時間を過ごすことなので、暇で苦痛でした。でも、いっぽうで、走るということは自分と向き合うということだったり、精神力や体力を鍛えるのにいいなと思っている自分もいたので、チャレンジしてみたい気持ちもありました。

そんなとき、ふと思い立って、一生に一度はチャレンジしてみたいと思っていたホノルルマラソンにエントリーしました。

マラソンは嫌いだけど、ハワイが大好きだったので、あの景色の中でならモチベーションが高くいられるかも！　と思ったことと、自分の人生のテーマにしていることの一つが「挑戦すること」だったので、「よしっ、やってみよう！」と思えたのです。

練習中は、自分を飽きさせないようにノリのいいダンスミュージックを聴きながら走ったり、それが飽きたら友だちと話しながら走ったり、お気に入りのウエアを揃えるなど、あの手この手を尽くし、自分のモチベーションを上げるように工夫しました。

あまり練習時間がとれなかったのですが、結果は無事に完走！　「走るのは暇だから嫌い」と言っていた私が、42・195キロを完走するなんて、夢のようでした。

これは、マラソンだけでなく仕事や人生においても言えると思いませんか？

モチベーションアップのカギは「未来記憶」にあった

あなたの家を思い浮かべてください。

唐突な質問で始まりましたが、今回はこの質問の答えによって、あなたの記憶のタイプがわかり、それによってモチベーションの持ち方も変わってくるよ、というお話です。

私がおすすめしている本の一冊に池田貴将さんの『未来記憶』があります。この本によると、記憶には、「過去記憶」「現在記憶」「未来記憶」の3種類があるといいます。

冒頭の質問に対して、以前住んでいた家を思い浮かべた人は「過去記憶型」、現在住んでいる家を思い浮かべた人は「現在記憶型」、これから住みたいと思っている家を思い浮かべた人は「未来記憶型」です。

さて、あなたの記憶のタイプは何型でしたか？

私は未来記憶型です。日ごろから自分の理想の家をイメージしたり、それをスクラップしているので、理想の家（住環境）について語ることができます。

多くの人は過去記憶型か現在記憶型に該当し、私のように時間さえあれば未来のことを妄想している未来記憶型の人は、全体の約2割しかいないそうです。

そして、**未来記憶型の人は物事のポジティブな側面にフォーカスすることが得意**で、モチベーションを維持しやすいといわれています。

では、なぜ未来記憶型の人は、モチベーションを維持できるのでしょうか。

たとえば「掃除」について、あなたはどんなイメージを持っていますか？

一般的には「面倒くさい」「片付けてもすぐに散らかる」「疲れる」など、ネガティブなイメージを持つ方が多いのではないでしょうか。

このようにネガティブなイメージが広がるのは、過去の自分の経験からイヤな気持ちや心配を呼び起こしてしまう、過去記憶型の人のパターンです。掃除に対しても、当然モチベーションが低いでしょう。

いっぽう、未来記憶型の私の場合は、「掃除」という一言から、掃除をする↓部屋がピカピカになる↓「いい気分だからお花を飾ろうかな」「アロマを焚こうかな」↓人を呼びたくなる↓毎週ホームパーティーを開く↓素敵な出会いがあり、新しいビジネスが生まれる……というところまでイメージが一気に広がっていきます。

いわゆる妄想が広がるタイプですね。

つまり、私にとって「掃除」という言葉には、自分をワクワクさせてくれるポジティブなイメージがたくさんあるのです。ですから、私は掃除に対するモチベーションが高く、掃除をすることはまったく苦になりません。実際に床を磨きながら、そんなポジティブな妄想ばかりしているので、床を磨くことが楽しくって仕方ありません。

この方法はモチベーションが湧かないものなら、すべてに応用することができます。イヤで面倒な作業ほど、私はゲーム感覚で「ポジティブな側面探し妄想ゲーム〜！」と楽しんでしまいます。

マインドマップでワクワクは作れる

このように、未来記憶型の思考ではモチベーションが高くいられるのですが、未来記憶型ではない残りの8割の人たちはどうしたらいいのでしょうか。

悲観することはありません！　じつは記憶のタイプというのは、マインドの習慣でもあります。だから、これからいくらでも変えていくことができるのです。

おすすめのトレーニングとしては、第1章でもご紹介した「マインドマップを作ること」（26ページ）です。

先ほどの掃除を例にとると、「掃除」と真ん中に書き、「床がキレイになる」「窓がキレイになる」「そういう空間ではおしゃれをしたい」「人を呼びたい」「写真を撮りたい」など、思いつくかぎり、まわりをポジティブなワードで埋めてください。

さらに、それから派生して掘り下げていくのです。

この作業を、さまざまなキーワードに対して行ってみてください。その際、注意していただきたいことは、**面倒がらずに毎回紙に書くこと**です。ポジティブな発想を習慣化するには、毎回自分の手で書かないと潜在意識に落とし込めないからです。これを積み重ねていくうちに、あるとき「掃除って楽しい！」と、無意識に思える瞬間がきます。

未来記憶型になるには、**一つのことからイマジネーションをどれだけ広げられるか**にかかっています。

イマジネーションは、今のあなたにとって現実的なものでなくても構いません。制限を設けず、もっと自由に、どんどん想像してみてください！

私は暇さえあれば、つねにいろんなことを妄想しています。

たとえば、彼と待ち合わせをしていて、彼から30分遅刻すると連絡が入ったとします。そのとき「だったら私も遅く出ればよかった」とか「こっちだって忙しいのに……」などと思わず、「よし、この30分カフェに入って、あのことについて妄想しよう！」という具合に、**ネガティブなことでもすべてワクワクするようなポジティブなことに転換**します。

「人間の能力の限界は、イマジネーションの限界である」という言葉もあります。

あなたが想像できた未来記憶は、あなたが手にすることができる未来の姿なのです。

イマジネーション力の鍛え方

未来記憶型の思考では、目にするものがどんどん仕事につながっていきます。

たとえば海外に行くと、日本にはないような素敵なファブリックをたくさん見かけますよね。

そういうときも、この布でカーテンを作ったらいいな→サロンの窓にこのカーテンがはまったら、テーブルコーディネートのイベントをやりたい→そうしたら、こんな人を呼ぼう→ライフスタイルのブランドが作れそうだ→ブランドのモチーフにはどんな花が合うかな→色は何色を合わせようかな……というふうに、次々にポジティブなイマジネーションが広がっていきます。

私は企画やプロデュースに携わるお仕事をいただくことが多いのですが、1時間のミーティングの中でも思いついたアイデアをどんどん話していくと、企業さんから「へえ～！

いっぱい出てくるね！」と驚かれます。

私のポジティブなイマジネーション力とそれを形にする具現化力から、こういったお仕事が次々に入ってくるのだと思います。

ここでは、イマジネーション力を高める具体的な方法について、考えていきたいと思います。

五感をリセットして、アンテナを研ぎすます

豊かなイマジネーションを得るためには、心と体の準備も必要です。

雑念だらけの思考や、健康によくないものばかりを食べている生活では、アンテナが鈍って、イマジネーションに結びつくような発見をすることができません。

第2章で述べたように、できるだけ**心と体にスペースを持つようにすると、アンテナが研ぎすまされてきます**。「イマジネーションを得る」というと、心の状態ばかりに注目しがちですが、体の管理も忘れないでくださいね。

また、五感が本来の力を取り戻すと、イマジネーションが広がりやすくなります。

「五感」とは、視覚、聴覚、触覚、味覚、嗅覚の5つの感覚のことをいいます。私たちは普段、あまりにも人工的なものに囲まれて過ごしているせいで、五感の感覚が鈍っていることが多いのです。

「五感」をリセットするには、自然に触れることをおすすめします。

海に行く、緑の多い公園に行く、太陽を浴びる、星を見る、植物を育てるなど、できる範囲で自然を感じる時間を持ってほしいと思います。

私がやっているベリーダンスは、〝グラウンディングのダンス〟ともいわれ、素足でしっかり床を踏みながら踊ります。ときには、土の上を素足で踊ることもあります。足の裏に大地を感じると生命力やエネルギーを感じ、「生きているという実感」を感じることができます。さらに、体の軸を意識して踊っていると、手足をどんなに動かしても体はふらつくことがなく、激しいけれど優雅でしなやかな動きになります。

これはマインドと似ています。

自分軸（being）がしっかりあると、いろいろなことを同時にしても（doing）、見た目と裏腹に、心はとても穏やかでいられます。

海外旅行でイマジネーションを鍛える

さて、私は年に6回は仕事やプライベートで海外に出かけていますが、海外旅行もイマジネーションを鍛える絶好のチャンスです。

たとえば、南国に行って海やヤシの木を見ると、どんな気持ちになりますか？

多分たいていの人が、気持ちが解放されてのびやかなマインドになったり、そこにカクテルとハワイアンミュージックでも流れてきたら、さらにリラックスできそうですよね。

また、シンガポールや香港のように高いビルに夜景がキラキラした場所に行ったら、どうでしょう？　おしゃれをしてナイトアウトにくり出したくなったり、ロマンチックな気持ちになったりしませんか？　パリに行って古いお城やエッフェル塔を見たとき、私はノスタルジーな気持ちになります。

このように、**それぞれの土地で得られるフィーリングを私は大切にしています**。それはそこでしか味わえないフィーリングであり、世界観だからです。

また、さまざまな場所でそこにいる人をよく観察してください。レストラン、エステ、セミナーなどもそうですが、そこにどんな人が集まるかによって、その場のイメージや世界観が作られているからです。

こうして考えると、私は**いろいろな感覚やインスピレーションを得るために、いろいろな地域に行っている**のだと思います。

そこで得た感覚に正解はありません。そのときの自分によって感じ方は変わるからです。20歳で行くパリと、40歳で行くパリとでは、視点や得られるものも違うし、傷心旅行と新婚旅行でも、もちろん異なりますよね。一度行った国でも、自分の状態や成長度合いによって、違う顔が見られるので旅はやめられません。

いずれも、そのときの感覚を残すために、写真を撮ったり、その土地土地で日記を書いたり、ブログを書くことは、そのあとのイマジネーション力をつけるのにおすすめです。

イマジネーション力は持って生まれた才能ではなく、鍛えれば鍛えるほど高めていけるものです。いくつかの方法をご紹介しましたが、あなたもぜひ取り組んでみてくださいね。

海外での人脈の広げ方

「朋美さんはどうして海外にそんなに知り合いが多いの？」とよく聞かれます。

まず、仕事の面からお答えしましょう。

私は、パリ、モナコ、ロンドンに美容関係のクライアントさんがいます。おもに現地の日本人駐在員の奥様や現地で起業している方たちです。その方たちを相手に4～5年前からビューティーコンサルティングをしています。ホテルの一室をサロンのようにして、お一人ずつ対応させていただくのですが、お客様がお客様を呼ぶ形で、気づけばどんどん人脈が広がっていきました。一つひとつの仕事を丁寧に積み重ねてきた結果だと思っています。

プライベートについては、**ブログやフェイスブックで知り合いになった現地の人に会うことが多い**です。ブログを読み込めばその人の人となりがわかるので、自分の直感を信じて、一人旅の合間に食事などをご一緒したりします。実際、日本にいる友だちよりも、年に数回しか会えないけど、とても深い仲になった友人が、海外にたくさんいます。

　また、現地の友人からすすめられた場所は忘れずに行きます。私の場合、行ったら必ずその人にも連絡するので、関係が続いているのだと思います。ガイドブックがすすめる場所に行くよりも、おトクだったり、ローカルしか知らないツウな遊び方ができますよ。

　日本から来た友だちと合流することも多いのですが、現地の人と交流するチャンスがあれば、必ず参加します。海外在住の知り合いから「よかったら遊びにきてくださいね」と言われたら、「社交辞令かもしれないし……」などと遠慮せず、絶対にお邪魔します。ここで行けるか行けないかが、そのあと関係が広がるかどうかの分岐点になるかもしれません。

　また、いつパーティーにお呼ばれしても大丈夫なように、ドレスアップ系の服と靴も忘れずに持っていきます。すると、パーティーの情報も敏感にキャッチできたりします。「誰も知っている人がいないから」「言葉が話せないから」と遠慮ばかりしていたら、もったいないです！

　いきなりパーティーに参加するのはハードルが高いという人は、まずはカフェの店員さんなどとお話しすることから始めてみましょう。それだけでも思わぬ情報が引き出せることもありますよ。

自分が自分のコーチになる目標達成法

セミナーには、「コーチング（coaching）」に関心を持っている方も、たくさん参加されています。コーチングとは、「質問をされる（する）ことによって、自分でも気づいていなかったことに気づいていくというプロセス」のことです。

ここでは、自分が自分のコーチになって、目標を達成していくプロセスをご紹介します。もちろん、私自身も行っています。

第1ステップ：目標を明確化する

なにか目標を達成するには、まず、その目標を明確に把握できなければ始まりません。

たとえば「お金持ちになるのが夢！」という人の場合、〝お金持ち〟の状態が1000万円なのか1億円なのか、それ以上なのか、はっきりした数字が必要です。お金持ちの定義は、人によって異なるので、まずはそれを掘り下げること。それによって、頑張り方や手段が異なるからです。

「あなたの夢はなんですか？」と聞かれたときに、スラスラと答えられますか？

「えっと、こんなイメージですが、こんなふうにも思っていて……」とあやふやな答え方になってしまうようでは、まだ目標が明確になっていない証拠です。

目標を明確化するには、漠然とした目標を細かく切り分けて考えてみてください。

また、時と場合によっては、目標を定めることは逆効果になる場合もあります。

目標とは、達成するために書くのではなく、今の自分の地点や気持ちを確認するための目安のようなものだからです。書いて縛られるくらいなら、目標を書くのはやめてください。

そんなときは〝doing〟でなく〝being〟の目標を立てましょう。

たとえば「家を買う」が目標の場合、「なぜそうしたいのか？」と問いかけ、その答えが「家族がいつまでも笑顔で過ごせる」だったら、それを目標にします。達成するためにはどんな要素が必要か、掘り下げます。すると、「健康である」とか、「心に余裕を持つために仕事を入れすぎない」とか、いろいろな小目標ができると思います。

これが、「目標を明確化する」ということです。こうして目標を掘り下げると、実際に家を買わなくても欲しい〝being〟が手に入ることがわかります。

また、**目標を明確にイメージするためには、ただ言葉にするだけではなく、写真などを使って視覚化するのも有効**です。その視覚化したイメージが、イマジネーション（未来記憶）を広げるきっかけにもなるからです。

ですから私は、夢のスクラップノート（ドリームＢＯＯＫ）を作っていて、自分の夢のイメージが広がり、モチベーションが上がる写真や言葉などをスクラップしています。

またノートだけではなく、最近はスマホのメモ機能やフォトアルバムに「モチベーション」という項目を作って、さまざまな文章や写真をストックしては、たまに眺めています。

第２ステップ：現状を把握する

次にその目標に対して、今の自分がどこの地点にいるかをしっかりと把握します。

目指している目標に対し、そこにたどり着くための時間や最適なルートを選択するために、自分の現在地を知っておく必要があります。たとえば、富士山の頂上を目指して登山する場合も、どこの地点から登るかによって装備やペース、意識なども異なりますよね。

先にあげた「お金持ちになりたい」人の場合、それに対して現在の収入はいくらなのかを確認します。今、100万円稼いでいる人が1000万円稼ぐのと、30万円稼いでいる人が1000万円稼ぐのとでは、必要な方法も時間も、かなり違いますよね。

私のセルフブランディングセミナーなどでは、自己紹介の様子を動画に撮影したりしていますが、これも参加者それぞれが現在の姿を把握するためです。ほとんどの人は、自分の動画を見るとショックを受けるようです。私もそうでした。「姿勢が悪い」「自信がなさそうに見える」「視線が定まらない」「仕草や口調が気になる」など、つらいけれど自分の現状と向き合うことで、演出方法や発声法を学ぶなど、自分に必要なものがわかります。

第3ステップ：目標と現状のギャップを分析する

現状を把握したら、次に**目標と現状のギャップを引き起こしている要因を分析**します。

1億円稼ぎたいのに、今100万円しか稼げていない人の場合は、「いつから1億円が目標になったんだっけ？　あの本で見た人がそうだったからだけじゃない？」「そもそも私にとって1億円って現実味がないんじゃないの？」「目標設定からして見直さないといけないのでは」など、そこにたどり着いたマインドを掘り下げます。

また、「1億円稼ぐ人がしていて、100万円しか稼げない私がしていないことってなに？」とか、逆に「1億円稼ぐ人がしていなくて、100万円しか稼げない私が習慣にしていることってなに？」などと、なぞなぞ形式にしたりもします。

要は、**どれだけ自分に対してさまざまな視点から質問を投げかけられるかが重要**です。そして、その答えから、今取り組むべき課題が見えてきます。

第3ステップは、目標を達成するのにとても重要なポイントとなります。これによって目標を変える場合もあるからです。

マインドを掘り下げて客観的に見た結果、目標が大きすぎるから、まずは目の前の小さな目標から取り組んでみよう！　ということも実際にはよくあります。

大きなことを成し遂げるためには、まず目の前の小さなことをひたすらする。その積み重ねで大きなことは成し遂げられるのです。私のこれまでのビジネスにおいても人生においても同じことがいえます。

ときどき、夢を語るだけで終わる人がいますが、それは目標があっても、現状やそのギャップを客観視できていないため、どこからどう行動に移していいかわからず、行動を起こすことが難しいからだと思います。

第4ステップ：具体的なアクションプランを立てる

第1ステップで目標を決めたあと、いきなり行動計画を立て始める人が多いのですが、そのやり方では、たいていの場合が達成しないで終わってしまうでしょう。

それは、第2ステップの「現状把握」と第3ステップの「ギャップの分析」をしていないからです。目標を実現させるためには、アクションプランを立てる前に第2、第3のステップを必ず通過してくださいね。

さて、アクションプランの実行中は、こまめに自分とミーティングする時間を設けてください。「この1週間はここまでやる」と決めたら、途中で「どれくらいできていますか？」「ここにまだ取りかかれていないのはなぜ？」など、計画の進行状況を毎日5分でもいいから確認します。

ここで計画が進まない多くの原因は、モチベーションがともなっていないからです。**よく「時間がないからできなかった」と言いますが、そもそもモチベーションが高ければ優先順位が上がってくるはず**です。ですから**「時間がない」は、ただの言い訳**です。

その場合は、モチベーションを上げるしくみを作るのか、目標自体をモチベーションが上がるものに書き換えるのか、自分とのミーティングの中で検討してみてください。

第5ステップ：フィードバック

最後に、**目標に対してどこまでできたか、動いてみてどう感じたか、素直な感想を自分に聞いてあげてください**。「目標が大きすぎました」「なんとかできました」「意外と物足りなかった」など、その感想をもとに、次の目標設定をします。

このサイクルを最初は毎週、最低1時間程度の時間をかけて行ってください。

「目標達成」と一言で言っても、その中身はいくつかのプロセスをたどっていることをご理解いただけたでしょうか。

夢を実現させるためには、目標を明確に定め、現状をしっかりと把握し、客観的に分析してから目標を計画レベルにまで落とし込むことです。この作業ができないと夢を現実のものとして捉えることができず、夢のまま終わってしまいます。

私はこの一連の流れを、紙に書き出し、何度も何度もくり返しているのです。

これができたら、自分が自分のコーチになることができます。

リスクがあっても、誰よりも先に試す

「これ、新しい！」と思ったら、私は誰よりも先に試したいといつも思っています。

たとえば、レーシック手術を受けたのは8年前です。今でこそレーシックは芸能人やスポーツ選手をはじめ多くの人が受けていますが、当時はまだマイナーな存在で、手術を受けようと決めたときには、まわりから心配されたことを思い出します。

仕事などで大きな決断をするときも同じです。私は誰もしていないことをするのが好きです。**リスクをとるということは、同時に大きなチャンスが隠れているということ**でもあるからです。もしも私が選んだほうを多くの人が選ぶようになったら、「じゃあ、私はこっち」と誰も選んでいないほうを選ぶでしょう。

ここでは、誰よりも先に試すことの意義について、お話ししたいと思います。

あなたは新しいビジネスを立ち上げようとするとき、どんなジャンルを選びますか？すでにいろいろな人がやっていて手堅く利益を上げているようなジャンルでしょうか。それとも、まだ誰もやったことがなくて、どんなリスクがあり、どれくらい稼げるのかはっきりしない、まったく未知のジャンルでしょうか。

私だったら間違いなく後者を選びます。

私は22歳で自分のサロンを持ったときから、ある程度のスピード感を持って利益を出していくことができました。それは、当時革新的だった技術をいち早く取り入れたからです。その技術はある程度リスクをともなうものだったので、やる人が少なかったんですね。そこに私は思い切って飛び込み、まだ価格を高く設定できるうちに始めることができました。

現在、その技術はすっかり普及しています。あのとき、ほかの人と同じように「もう少し様子を見てから」なんて慎重になりすぎていたら、今の私はなかったでしょう。

ですから、あなたも、**まだやっている人が少ないニッチな分野を見つけたら、「チャンス！」と思っていただきたい**のです。

まだ開拓されていない分野に飛び込むのは勇気がいりますが、誰かによってすでに成功した分野より、成功できる余地がたくさん残っています。

3-10 Business

新しいスタンダードを作る

私が人生において大切にしていることは、〝FREE〟〝CREATIVE〟〝CHALLENGE〟であると第1章に書きましたが、私はとにかくつねにクリエイティブで自由な発想を心がけています。そして、人生をかけてしたいことの一つが「新しい価値観をスタンダードにしていく」ことです。

「常識は守るものではなく、作っていくもの」だと思っているので、これまでニッチだったものや考え方などをスタンダードにし、誰も思いつかないようなビジネスやビジネススタイルを定番にしていきたいのです。

たとえば、私が今手がけているビジネスには、「オーガニックコットンの布ナプキン」のメーカーがあります。私が布ナプキンを使い出した当初、体や環境にはいいけれど、おしゃれなものが少なく、つけていてもテンションが上がりませんでした。だから私は、これまでの布ナプキンになかったような斬新な柄のものを作って、メーカー業を始めたのです。今までそれをしている会社がほとんどなかったので、ありがたいことに売れています。

また、ジュエリーのプロデュースもしています。「ラシェリ・アスティカ」といって、数秘学とチャクラカラーをテーマとした天然石を使ったジュエリーです。これまで天然石のジュエリーといえばパワーストーンブレスなどが流行っていますが、私が作ったジュエリーはゴールドの華奢《きゃしゃ》なチェーンに、チャクラカラーの天然石とナンバーがついているというものです。自分の数秘や好きな数字を選ぶことができるオンリーワンのジュエリーとして、とても愛着を持っていただき好評です。

このように、私は**いかに世の中にないもので、自分が心からワクワクして取り組めるかということをビジネスの基準にしています**。

新しいものは、一から作ることだけとはかぎりません。

これまであったものの意外なコラボレーションから、まったく新しいものができあがることもあります。むしろ、そのほうが私は得意です。先ほど例にあげたのは、オーガニックとファッションのコラボ、スピリチュアルとファッションのコラボです。

一つひとつの素材を選ぶことはそんなに重要ではなく、素材をどう組み合わせるか、演出するかが力の見せどころです。お料理と一緒ですね。

成功するかしないかは、モチベーション次第

誰もしていないことをしていくのはとても勇気とエネルギーがいりますし、最初はお金や時間がかかります。ですが、それを成功させるキーとなるのは、ここでもやはりモチベーションの高さだと思っています。

なにか新しいことを始めたときは、最初は四六時中そのことを考えてワクワクしているので当然モチベーションや感度が高く、いいスタートダッシュが切れます。

じつは、この走り出した時点で、そのプロジェクトが成功するかどうかがだいたいわかります。自分がどれだけ夢中で走れるかにかかっているからです。ちょっとやって「ダメかも」と思うものは、そのものがダメなのではなく、自分の心がついていっていないからダメになるのです。

世の中にいいものはたくさん溢れています。その中で自分が思うことを広めていくためには、どれだけ自分の感性を信じているかにかかっています。

だから、私はワクワクする仕事しかしないと決めています。ワクワクしない仕事は、結

果あまりうまくいった試しがありません。

失敗を失敗に終わらせない

リスクをとって万が一失敗したときは、「今回失敗した原因はなんだろう？　これをすると失敗するんだな」ということを学ぶための失敗だったと思っています。ですから、その失敗は必然で、必要なものです。

失敗をただ失敗で終わらせるとそれは「失敗」ですが、私は**失敗から、そのメカニズムと次回への対策を必ず見出すので、失敗は「成功するために必要な失敗」に変わり、それは知恵となります**。そうやって日々知恵をつけていって、人は成長するのだと思います。

よく経営インタビューなどで「失敗談」について聞かれることがありますが、私はいつも「ありません」と答えます。もちろん本当に失敗という事実がなかったのではありません。でも、その失敗をバネにして成功をつかんだから、その失敗は必要なものであり、ふり返ると失敗ではないからです。

〝doing〟は失敗しましたが、〝being〟では成功したということです。

私はいつも「なにが起きても大丈夫！　失敗を失敗で終わらせる人間ではない」と、自分のことを信じています。

人生はサーフィンみたいです。

つねに波があって、比較的穏やかなときもあれば激しいときもある。**私にとって、ビッグウェーブは最高にエキサイティングなチャレンジ。**人によってはボードから落ちるのを恐れて、ドルフィンスルー（波の下をくぐること）をするかもしれません。乗れるか乗れないかハラハラするし、もしかしたら怪我をするかもしれない。でも、もしかしたらビッグウェーブに乗って、最高の気分を味わえるかもしれない。しかも、その波がまだ誰も乗ったことのない波だったら、格別に最高です!!

そんな挑戦を私は人生でたくさんしたい。これが私の価値観です。

なにが正しいということではなく、さまざまな価値観があるということをわかるだけでも視野が広がります。大切なのは、それを知って自分がどう思うかです。

あなたは、どんな人生のサーフィンをしていますか？

大きいことを叶えるには、小さいことの積み重ね

ライフスタイルを変えたい。人生を変えたい。

いくらそう願っていても、いきなりガラッと変わることはありません。

「大きいことを叶えたいなら、目の前にある小さなことをひたすら積み重ねていくこと」とよく言われますが、やっぱりこれは真実なのだと私は思います。

たとえば、私は「スタイルを維持するためになにかしていますか?」「お肌のためになにかしていますか?」とよく聞かれます。そのたびに「なにもしていないです」と答えるのですが、本当になにもしていないわけではありません。私の中で無意識に行う習慣になっているので、特別になにかをしている意識がないからです。

大人の女性のキレイを作るものは、その人自身のあり方やマインドで、姿勢、表情、しぐさ、話し方など「雰囲気」に宿るものだと思っています。そのため、あり方やマインド

を「魅力的な自分」であるようにつねに努力しつつ、外側から内側へのアプローチとして、姿勢をよくしていよう、口角を上げていつも微笑んでいよう、丁寧な話し方をしよう、などと意識的に行っていました。これを若いころから意識して毎日続けるうちに、今では無意識にできるようになっています。

このように、私自身にとってはすでに習慣になっていたり、無意識にやっていたりすることが、ほかの人からは、なにか特別なことをしているように映っているのでしょう。

私だけでなく、**意識が高い人や一般的にキレイと言われる人は、無意識のうちに自分をキレイな状態に持っていくことをたくさんやっています**。

美容や生活習慣だけでなく、ビジネスも同じです。

私は一気に成功を収めたと思われがちですが、そんなことはありません。今自分にできる小さなことの積み重ねが、成功に結びついているのです。

サロンの店舗を増やしていった経緯も同じです。はじめから店舗展開を目指していたわけではありません。最初はとにかくお客様に喜んでいただくことが嬉しくて、夢中で「こんなサービスがあったらいいな」を追求し、さまざまなサロンに客としてリサーチに行ったり、新しい技術を覚えてメニューを増やしたりしていきました。

お客様を集めるときも、西新宿でコツコツとチラシ配りをするところから始めました。そして、来てくださったお客様から、着実にリピートをしてもらったり、新しいお客様の紹介をしていただきました。

徐々に一人では回しきれなくなり、スタッフを入れたり場所を広くし、それでもカバーしきれず店舗を増やしていったのです。エステやネイル、メイクなどのトータルビューティーサロンを中心に、よもぎ蒸し専門のサロンや男性スタッフも入れたヘッドスパ、整体をするサロンなど、リクエストに応えていくうちに、気づいたら6店舗になっていました。

最初から大きなことをやるのではなく、コツコツと自分のブランドを固めながら、「ここに来ると癒されるね」「ここに来ると元気をもらうね」という気持ちをお客様に味わっていただくことを、少しずつ積み重ねていったのです。

現在、私のオンラインショップで扱っている商品も、私とお客様の〝あったらいいな〟を少しずつ積み重ねていった結果、リピーターや紹介してくださる方が増えて、ありがたいことに売り上げに結びついているのです。

ブログやフェイスブックもそうです。「これがなにかのためになる！」とはあまり考えず、自分がただ楽しいこと、ワクワクすること、伝えたいことを毎日コツコツと無心で書いていただけです。それがいつしかかなりの量になり、たくさんの読者さんに集まってくださり、反響も大きくなっていきました。現在、フェイスブックでは友だちが上限の5000人、フィードも6000人以上ですが、最初からこの数字を狙ったのではありません。

これは人間関係にもいえます。

相手が自分であれ、他人であれ、いきなり親密になるのは無理です。小さなYESやハッピーの共有を積み重ねながら、少しずつ関係が深まっていくのです。

小さなYESとは、「私もそう思う！」の共感や、「OK！」の承認のことです。たとえば「あのとき、嬉しかったな」「うん、私も嬉しかった！」や、「私はこうしたいと思うけどいいかな？」「もちろん！」など、本当に小さなことから始まるのです。

最初は誰だって小さいことへの意識から始まります。それを**続けるうちに最初はできなかったことも頑張ればできるようになり、やがて、頑張らなくてもいつの間にかできるようになっています**。これが「習慣になる」ということです。意識が変わると行動が変わり、行動が変わると習慣が変わる。習慣が変わると生き方や人生が変わっていきます。

小さなYESを積み重ね、大きなYESをとる。大きな目標へ続く道は、無数の小さな積み重ねでできていることを覚えておいてくださいね。

リピート率90%の接客術

私の最初のサロンが成功したのは、いち早く新しい技術を提供できたこともありますが、ほかにも大きな要因がありました。それはお客様のリピート率が90%もあったことです。どうしてそんな数字を出すことができたのか、私が心がけていた接客術をご紹介しましょう。

サプライズのあるおもてなし

サロンを立ち上げた当初から、私はお客様へのおもてなしにこだわっていました。

そもそも私自身、プライベートでも人をもてなすのが大好きで、一流のおもてなしをしてくれるホテルやレストランに行き、その接客や演出を体感しながら学ぶことが大好きです。

プライベートでは、小さなころからお友だちを自分の家に招待して、誕生日会やクリスマス会など、母とイベントを企画して開催していました。学生時代もイベントサークルを立ち上げ、パーティーなどを主催していました。また大人になってからも、季節ごとにお部屋のインテリアを変えてテーブルセッティングし、毎回テーマを決めてお茶会を開き、お友だちやお客様をお招きしていました。

みんなが喜んでくれたり、ワクワクしてもらえることが私の大きな喜びでした。こういったことから、サロンでもどういうふうにすればお客様が喜んでくださるのか、なんとなくわかっていたのです。

たとえば、サロンでお出しするお茶の種類もカフェメニューのようにして選べたり、今では定番になってきましたが、私は10年前から施術時のアロマの香りを選択できるメニューも作っていました。

居心地のよい空間になるように照明やサウンドにもひと工夫していたのです。

また、その当時は、まだコーチングを勉強していなかったのですが、今思えばお客様のカウンセリングにコーチングの要素を加えていたように思います。

私が提案を押しつけるのではなく、まずお客様のライフスタイルや興味のあることをヒアリングし、それに合わせたエステの提案や、お客様のなりたいイメージについてじっくりカウンセリングします。とにかくお客様の思いをベースに、そこからお客様自身の中で、まだ明確になっていないイメージを引き出すお手伝いとなるような質問を投げかけていました。

そして、技術を提供する自分自身がお客様から憧れられる存在になることも大事だと考え、日々いろいろな努力をしていました。

どんな仕事でもそうですが、その人の魅力に惹かれてお客様になることはよくあります。とくに、それが「美」を扱う仕事だったらどうでしょう。多くを語るよりまず、その人自身が美しく輝いて、充実しているように見えなければ説得力がありませんよね。

だから、**人になにかものを言うときは、「自分がそれを言うに値するあり方ができているか？」とまず自問自答**します。

ネイルやエステで最高の施術をするのはもちろんですが、それだけではほかのサロンとの差別化ができません。現在は、とても技術が高いサロンが多いです。レストランにしても、どこもおいしいなと感じるくらい、日本の技術は世界から見てもハイレベルです。ですから、技術で満足していただくのは、今では最低限のレベルだと思っています。

おもてなしとは、予想されるサービスを確実に提供することでなく、「こんなことまでしてくれるのか！」というサプライズを提供できてこそだと思います。そういった感動が人の心を動かし、リピートにつながったり、大切な人に紹介したくなるのだと思います。

このような考え方が、私のサロンのリピート率90％につながり、のちに6店舗にまで増やすことにつながったのです。

お客様とフェアな関係でいる

もう一つ心にとめていたのが、「お客様とは対等な関係でいる」ということです。

これは私がサロンを始めた当初に読んで大変心を動かされた本、新川義弘さんの『愛されるサービス』から学びました。新川さんは、２００２年の日米首脳会談の際、当時の米国ブッシュ大統領と小泉首相を西麻布の居酒屋さん「権八《ごんぱち》」でおもてなししたことなどでも有名な、「接客の神様」と呼ばれる方で、現在、株式会社HUGEの代表をされています。

新川さんは本の中で、サービスをする人とされる人は、基本的にフィフティ・フィフティの関係にある、と説いていて、私はその思想に深く共感しました。

「お客様は神様」という言葉もあるとおり、日本には古くから〝お客様の意見が絶対である〟という考え方があります。でも、**自分たちのサービスに対してプライドや思いがあるなら、それに対してお客様ともフェアであるべき**ではないでしょうか。

たとえば、ドレスコードを設けているレストランなどもありますが、それは店側に「私たちはこういうサービスを、こういうグレードで提供しています」というプライドがあるからだと思います。ですから、そぐわない格好で来たお客様に対しては、「申し訳ございません」と堂々とお断りできるのです。

でも、お客様にお断りをすることは、接客する立場からすると、とても勇気がいりますよね。いざというときに毅然《きぜん》とした態度で接するためには、日ごろから自分たちのあり方を示しておくことが必要だと思います。

「ほかのお店でもこうしているから」「世間的にはこうだから」というのではなく、「自分たちのサービスはこれだ」という軸を一本持ってほしいのです。

そのためには、自分のサービスのあり方に誇りを持っている必要があります。

堂々と言えるような振る舞いや接客が普段からできているのかな？　とふり返ることが大切です。もしできていないのであれば、お客様と対等にはいられません。でも、胸を張ってそれが言えるのであれば、お客様に理不尽なことを言われたときに丁寧にお断りできるでしょう。

こうした「信条」だったり「信念の誓い」を「クレド（credo）」と言います。

ザ・リッツ・カールトンに行ったら、ぜひスタッフの方に「リッツのクレドをください」と言ってみてください。必ずスタッフの方たちは、クレドを書いた紙をポケットに持っていて、つねにそのクレドをもとに接客をしています。

もちろん私のサロンでもクレドをみんなで話し合って作っていました。

クレドは、お客様に対する約束のようなものであり、サービスの軸となるものです。人間だからたまにブレるときがあっても、クレドがあれば大切な軸に戻ってくるための指針になります。

その軸をベースに考えれば、どんなケースでも対応にブレが出ることはないでしょう。その結果、どのお客様にも満足していただけるサービスにつながるのだと思います。

自分のあり方を示す必要があるのは、接客だけでなく、プライベートでも同じです。「好きな人がこう言うから」「世間ではこうだから」とその場その場で対応を変えていたら、周囲の人からはなかなか信頼してもらえません。

また、そのつどいろいろなことにふり回されて気持ちがあっちこっちに揺れて、自分が今どこにいるかわからなくなってしまうと、時間もエネルギーも無駄遣いし、心も体も疲れてしまいます。じつはブレている状態だと本人が一番つらいんですよね。

「私はこれでいく」というしっかりとした軸を一度設定すれば、たとえブレたとしても、ちゃんと戻ってくる場所がわかります。すると、最終的に迷うことはないし、決断力がつきます。周囲からも受け入れられやすくなると思いますよ。

上手にまわりの力を借りる

ビジネスを立ち上げたら、人を雇うようになったり、異なる業界の企業と組んで仕事をしたりするようになるかもしれません。お勤めの人だって、キャリアが進むにつれ、部下を指導する機会も増えていくでしょう。

ここでは私がサロン時代に培った、相手の能力をうまく引き出すコツについて考えてみたいと思います。

私は、これまでスタッフを一般募集したことがありません。

サロン時代も友だちや友だちの友だち、スタッフの友だちなど、すべて知り合いの範囲でお願いしていました。そうして集まってくれたスタッフは、美意識が高く、意欲的な人が多くて、今でもとても感謝しています。

サロン研修やミーティングは、サロンや近所のおしゃれなカフェで行ったり、たまにザ・リッツ・カールトンのラウンジやお部屋をとって行っていました。ザ・リッツ・カールトンは最高のホスピタリティを提供してくれる、私の大好きなホテルです。

私のサロンでも、そんなおもてなしを提供するのが理想でした。味気ない場所で社員研修をするよりも、ホスピタリティが最高で洗練された場所で研修やミーティングを行えば、私が口で説明するよりもダイレクトに、みんなもそれを感じることができますし、仕事のモチベーションもアップするだろうと思ったのです。

実は私のサロンで働いてくれていたスタッフは、みんな自分なりの思いやアイデアを持ち、いつか独立して自分のお店を持ちたいという人ばかりでした。

多くの場合、そういう人は扱いにくいし、せっかく教えても巣立っていってしまうから、雇う側としては敬遠しがちです。けれど、私は逆にそういう意識が高い人は大歓迎！　強気で提案してきてくれるようなスタッフが大好きでした。

自分の意見ややりたいこと、こだわりを強く持っている人たちは、たしかにまとめにくいかもしれないけれど、それくらいのほうが接客や技術のクオリティも高いです。彼女たちのアイデアをうまく引き出せれば、サロンにとって大きなプラスになると考えました。

そこでスタッフには、研修という名目でほかのサロンに代わる代わるお客さんとして行ってもらい、どこがよかったとか自分だったらもっとこうするなど、気づいたことをレポートにまとめて出してもらい、それをミーティングで共有したりしていました。

そして、もちろんいい意見があれば採用します。こうすることで、私とスタッフの間に風通しのよい関係が生まれ、一体感を持って仕事をすることができたと思います。

競合も味方にして、協力関係を作る

さて、独立してサロンを持ったスタッフとは、競合関係になってしまうのが世の常です。これはサロンにかぎらず、どんな業界でも必ずあることですよね。

でも、私は姉妹店のような形にして、お互いに連携して、協力し合うような関係を作っていきました。お客様がそちらのサロンに流れていくこともありましたが、温かく見守っていました。抱えることに執着せず、ここでも手放していくことを恐れないでいると、また違ったチャンスがやってきてよい循環が起こります。

セミナーや商品プロデュースについても、本来なら競合となる相手でも、ピンときた人には自分から近づいていき、「同じ思いを持っていると思うので、一度コラボしませんか？」と持ちかけることもあります。

一般的に競合の存在を意識すると、「ライバルだ……」と構えてしまいがちです。しかし「競合」と捉えず、「共存」と捉えるほうが、お互いに得るものが大きいと思います。

私のセミナーのお客様には、同じくセミナー講師をされている方がたくさんいらっしゃいます。セミナーをされている方の中には、内容を持っていかれないように「同業者お断り」とする方もいますが、私はむしろ真似をしてくれて大いに結構！　と思っています。

私が世の中に広めたいと思っている知識や考え方を、私の代わりに発信してくれる方が増えたら、とっても嬉しいじゃないですか。それに、もし真似されたとしても、私はつねに進化しているので、真似された時点で私はすでに先を行っている自信があります。そういう意味でも、過去にすがる気持ちはありません。

チャンスは、どんどん人に譲っていきたいのです。

すると、もっと大きなチャンスが自分のもとにくると信じています。

ほかにもサロン時代、まわりのお店との関係も大切にしていました。たとえば、サロンの近くのカフェと仲良くなって、フライヤーを置き合う、サロンのお客様を集めたイベントやスタッフミーティングをそのカフェで行うなどです。すると、カフェの店員さんがお店のお客様にサロンを紹介してくれるなど、いい循環が作れていたと思います。

また、エステの施術中に「これは鍼のほうがいいかもしれない」と思ったら、近くの鍼の先生を紹介したりもしていました。


相手の能力を引き出すこともそうですが、競合を味方にするためには、なによりもまず、相手の能力を謙虚に認めることから始まるのではないかと思います。

競合相手に〝脅威〟を感じるということは、よく考えてみると、自分自身が相手の力を認めているということでもありますよね。ですから、**真正面から敵対するよりも、折り合いをつけてwin-winな関係になることを考える**ようにしています。

一緒になにかをやるからには、相手にとってもメリットになるように全力を尽くします。このような関係を築いていくことができれば、自分だけでやっているときには、決して得られなかったものが手に入ったり、貴重な経験をさせてもらえたりします。

ライバルと協力できるようになると、成果を上げることができるし、仕事のストレスもずいぶん減らせます。ぜひ柔軟な気持ちで向き合ってみてくださいね。

価値観の共有で、初対面でも親しくなる

1-8で「わがままと思われてもいい」（50ページ）と、あえて過激なことを書きましたが、もちろん自分以外の人と理解し合い、一緒に成長していくことができたら、こんなに幸せなことはありませんね。

相手に理解されたいと思うなら、まず自分が相手に興味を持ち、理解することから始めましょう。

私たちはつい、相手の容姿や仕事の内容、学歴といったスペックだけを見て、その人を判断してしまいがちです。でも、いくら表面的な情報を積み重ねていっても、お互いに理解し合うまでには至らないのではないでしょうか。

相手との関係を深めていくには、まず**相手の価値観に触れる質問をしてみるとよい**でし

ょう。

たとえば、「幸せを感じる瞬間って、どんなときですか?」「人生において譲れないことは?」「パートナーに求める条件は?」「なにかを選択するうえで、大切にしていることってなんですか?」など、相手の本質を突くような質問を投げかけてみてください。

あるいは、「私はこうなんです」と、価値観を自分から言ってみるのもいいでしょう。

まず自分からオープンマインドであることを示すと、たいてい相手も「自分はこうなんだよ」と答えてくれ、そこからお互いの価値観を理解し共有できるような、実りのある会話に発展するようになります。

お互いの深い部分を話し合わずに何年も付き合っている関係と、知り合って1週間でも価値観を共有する会話ができている関係とでは、仲がいい度合いはまったく違ってきます。

コミュニケーション系やマインド系の少人数のセミナーでは、自己紹介から参加者の方に、前述した本質を突くような質問に答えてもらうことがあります。すると、1時間を一緒に過ごしただけでも、参加者同士の心の距離が近くなり、帰りにはすごく仲良くなっています。次のセミナーでお会いしたときには、「一緒に仕事を始めるんです!」と報告してくださることもよくあります。

私は最近では、知り合った人に最初からこういう質問をするようにしているので、すぐに仲良くなることができます。

逆に、相手の答えを聞いて「私にはない価値観で共感が難しいな」と感じるときもあります。そのときは、相手との距離を調節するようにしています。

たいていの人間関係のトラブルは、自分や相手がどうこうというよりも、お互いの距離のとり方に問題があると感じます。「近いとちょっとつらいけれど、これくらいの距離があればすごくうまくいく」など、**相手との距離を見直すことで解決できることも多い**はずです。

だから、私は嫌いと思う人がほとんどいません。苦手だったり価値観が違うという人は、少し外に配置すればいいだけで、人によって的確な距離感を保ちます。そうすればネガティブな感情は湧きません。

こうしたことからも、早めに相手に本質的な質問を投げかけておくことをおすすめします。

大切な相手にこそ質問をする

「価値観の共有が大事なのはわかったけど、すでに長年付き合っているパートナーや友だち、家族には照れくさくて、今さら聞けないなあ……」と思っている方も、いらっしゃるかもしれませんね。

でも、**大切な相手だからこそ、今からでも質問をしてほしい**と思います。

とくに、「本当に大事なのはなに？」「自分の中の優先順位って？」など、「きっとこういう答えが返ってくるだろう」とわかっている質問も、ぜひしてみてください。

くり返し言いますが、相手に対する自分のフィルター（先入観）を外すことが大切です。意外と、思ってもみない答えが返ってくる場合もあります。

また、問い詰めるように聞くと相手は委縮《いしゅく》してしまいますから、小さい子に接するようにやさしく尋ねてくださいね。そして、相手の答えには、どんな価値観や感情が隠れているのか？　という部分に光を当てて聞いてほしいのです。

大人同士の関係だけでなく、あなたにお子さんがいるなら、そのお子さんに対しても質問をしてみてください。**自分にとって大切で仲良くなりたいという相手ほど、一度は彼ら、彼女らの中にあるものすべてと、しっかり向き合うことが必要**です。そのうえで、自分の価値観と異なるときには、「私はこれに対してこう思っているんだよ。それについてどう思う?」と問いかけてみてください。

親しい間柄とはいえ、お互い違う人間なのですから、価値観に違いがあるのはむしろ当然と言えるかもしれません。

違うことは問題ではありません。その違いをどう捉え、どう考えるかが重要です。

ちょっとした違和感を放置しておくと、そのズレがどんどん大きな溝になり、最終的には関係を壊してしまうことにもつながりかねません。相手に質問をすることで、ズレの修正を図ることができると思います。

いい顔をしないことが、心地よい関係を作る

私の場合、**言いにくいことほど、早い段階で相手に伝える**ようにしています。日本人は

3-14 Business

相手に気をつかうがゆえに、それを後回しにする人が多いですね。

たとえば、仕事のときにお金の話をするのは気が引けるものですが、私は最初からストレートに聞いてしまいます。

「私はこの仕事に本気で取り組みたいと思っています。ミーティングの時間とエネルギーをお互い無駄にしないために、まず条件を確認させてください。先にギャランティーのお話をさせていただけませんか？」と切り出しておくことで、お互いに不明確でモヤモヤすることがなくなり、あとあとクライアントさんといい関係性が築けるようになります。

「この人は正直なんだな」と思ってもらえると、相手も自分に正直になってくれて、スムーズに仕事が進みます。

仕事だけでなくプライベートでも、いい顔をしようとせず自分に正直でいることが、自分のまわりに心地よい人間関係を作る秘訣だと思います。

人を巻き込めると、仕事もプライベートも最強になる

一人で始めたビジネスでも、大きくしていこうと思ったら、どうしても他の人の力が必要になります。

じつは私は子どものころから、人を巻き込んでなにかをするのがかなり得意でした。たとえば前に述べたように、お誕生日会やパーティーを企画して人を集めるなど、とにかく人が楽しい！　と思えることを率先してやっていました。

ここでは、人を巻き込むための私なりのノウハウをお教えしましょう。

私が言う「人を巻き込む」とは、自分の思いや感覚を相手に伝染させ、相手にも自分と同じように、それをやっているという感覚を持ってもらうことです。

自分の世界観をプレゼンし、私の話にどれだけ興味を持ってもらえるか。そして、相手

にも、「私もそれをしたい！」とか、「もうそれをしている！」という感覚を抱かせることができるか。これが夢の共感者を増やしていく最大のコツです。

「楽しいところに、人とお金とチャンスが集まる」という原則がある、と私は考えています。なので、人を巻き込むには、その夢が相手にとっても楽しいとかワクワクすると思えるような、モチベーションをともなわなくてはいけません。

そして、「これって楽しいよ！」と言うだけでなく、実際に自分が楽しんでいるところを見せるのです。

たとえば、ちょっとしたビジネスの話を持ちかけたとき、その場では相手がピンとこなくても、自分が先に行動して実際にビジネスとして成功させ、かつ楽しんでいる様子をSNSなどで示すと、あとから相手が乗ってくるパターンがよくあります。これは、私の様子を見て「自分もそこに加わりたい」と思ってくれたからでしょう。

このように、**イメージしている未来像を、いかに相手の頭の中に描かせることができるかが、人を巻き込むことのカギ**になります。

企業様から協賛をいただく場合も同じです。私のすることに協力することによって自社のブランド価値が上がるイメージを持っていただけると、プレゼンが成功します。

「プレゼン力」というと、いかにうまく話ができるかという点に注目しがちですが、それよりも**「本当に私はこれを信じ、楽しんで、全力でやっています！」という姿勢を行動で見せていく**ということが、本当のプレゼン力だと思います。

つまり、言葉だけでなく、行動もともなっていなければ、いいプレゼンにはならないということです。

ただし、どんなにいいプレゼンができても、人を巻き込むには、相手の信頼を得ていなければ成立しません。

案外見落としがちですが、相手との小さな約束を守ることも、とても重要です。

約束の時間や期限はきちんと守ります。やむを得ず遅れる場合は事前に状況を伝えますし、相手から投げかけられたことに対してはきちんと進捗《しんちょく》状況を知らせ、曖昧《あいまい》にしません。

このように、誠意を見せたい相手には誠意を尽くし、「この人は言葉だけじゃなくて、ちゃんとやる人だ」と思ってもらえるようにしています。

これはビジネスだけでなく、パートナーや友人にもあてはまりますね。

3-15 Business

相手の興味を引いたり、恐怖をあおって誘導する

「人を巻き込む力」は、ビジネスだけでなくパートナーとの関係にも大いに役立ちます。私の夫は出会った当初、とてつもない自由人でした。一緒にいると、とてもエキサイティングでしたが、結婚したり家庭に落ち着いたりなんて、到底想像できないような人でした。その彼を、長年時間をかけて私のペースに巻き込んできたのです。

食事をはじめとする生活もかなり不摂生でしたが、5年くらい一緒に生活する間に、健康意識が上がり、「体にいいからやったほうがいいよ！」とまわりの友人にすすめるまでになりました。それは、私が彼に「ああしなさい、こうしなさい」と言ったわけではなく、彼が自らの意思でそれを選択したと思わせるように、いろんな種をまいてきたからです。

ここでも大切なことは、**自分が楽しんでやっているところを見せること**です。

「これおいしいなぁ」「体にいいんだよね！」「これ食べると肌がキレイになるんだよね！」などと、独り言のように野菜やハーブを食べます。すると彼も「ん？　なにそれ、食べさせて！」と反応するようになります。

つまり、**言葉より行動が相手の関心を引く**のです。相手が知りたがったら「知りたい？　じゃあ教えてあげるね」と持っていけば、もうこちらのものです。

ほかにも、そもそも健康にモチベーションがない彼に、自分の価値観を押しつけて「健康のために運動したほうがいいよ」と言っても、理解してもらうのは難しいでしょう。そのかわり、相手の興味があるところから切り出すのです。

「運動してもっと筋肉つけたら、まるで○○みたいになるよ」「それで海に行ったら女の子にモテるよ」と、ここでも未来のいいイメージを相手に描かせます。そして、「一緒にトレーニングに行こう！」と誘い出します。一緒にトレーニングしている間や日々の中でも、「お！　すごくよくなってきた！　カッコいい!!」と頻繁に褒めます。

逆に、相手の「恐怖モチベーション」をあおる方法もあります。

彼はよくお風呂に入らないまま朝までゴロゴロ寝てしまうことがありましたが、汚いし汗臭いしやめてほしいと思っていました。それを「汚いからお風呂にちゃんと入ってから寝て」と言うのでは、相手は余計にしたくなくなります。そこで、「なんか頭を洗わずに寝るとハゲるんだって……」と**相手の恐れていることにアプローチする**のです。

この方法は子育てやスタッフ教育にも活かすことができますよ。

いかに相手の興味を引き、恐怖をあおれるか、ということです。

いつでも自分をプレゼンできるか？

もう一つ大切なことは、**つねに自分をプレゼンできるツールを持っておくこと**です。たとえば、恋愛は自分自身の最大のプレゼンテーションの場の一つになりますが、「今なら準備ＯＫ！」というときに出会えることは、ほとんどありませんよね。ですから、日ごろから身なり、しぐさ、言葉遣いに気を配るなどして備えておきます。

それは、ビジネスも同じことです。いつどこでプレゼンの機会が回ってくるか、わかりません。たとえば、カフェで隣に座った人との二言《ふたこと》三言《みこと》の会話からビジネスチャンスが生まれることだって十分にあります。そのとき、「私、こういうことをやっています！」と、すぐに示せるような名刺やチラシを持っておいたり、イメージを伝えられる画像やデータをつねにスマホなどにストックしておきます。

さらに、モノだけでなく、自分のビジネス内容や思いを簡単にまとめて、いつでも言えるように準備しておけば、貴重なチャンスを活かすことができます。

どなたかのパーティーに参加したとき、いきなりマイクを向けられて「朋美さん、ご自身のPRをしていいですよ！」と言われたとしましょう。こうしたときに備えて、いつも話せるネタを1分バージョン、3分バージョン、5分バージョンと用意しておけば、そこからビジネスやさまざまな出会いにつながるケースだってあります。

でも、手持ちのネタがなく、「えっと……、じゃあ今日あったことを話しましょうかね」などと当たり障りのない話をすれば、聴衆も「ふーん」という反応で終わってしまいます。

チャンスはそのときその場にしかありません。その**小さなチャンスを逃さずにキャッチし続ける人が、大きなチャンスや夢を勝ち取っていける**のです。

いつも人にポジティブなイメージや影響を与える人になること。

そして、つねにプレゼンの機会に備えること。

この2つが、人を巻き込んでいく極意だと思います。

文庫版特別収録

忙しくても、お金がなくても、海外旅行に行く方法

私は、20代のころから「自分のやりたいことを人生でやる」と決めていました。海外を旅することも、その一つです。だから、時間が自由にならない仕事は、最初から選択肢にありませんでした。

「どういう人生にしたいの?」「その人生にしたいなら、こういう仕事だよね」とゴールから考えて、今の私のワークスタイルができあがったのです。

とはいえ、私のような生き方が現実的には難しいという人も多いでしょう。

そこで、「海外に行きたいけど、なかなか行けない」と悩んでいる方におすすめの方法があります。

それは、**先にスケジュールを立ててしまうこと**です。

「ここに行きたい！」と思ったら、先に手帳に書き込んでください。それと同時に、旅行のパンフレットを見たり、旅行会社に足を運んだりして下調べをします。すると、「行けるかも！」と思えてきて、本当に行きたくて仕方がなくなります。そうしたら、思いきって予約をしてしまいましょう！

仕事やお金や時間の心配はそのあとです。

予約して申込金も払ったという動かせない状況を設定してしまえば、もうそこに合わせて仕事やスケジュール、お金の配分を調整するしかありません。

「遅くともこのタイミングで会社に言っておこう」「直前に忙しくならないように段取りをしておこう」と、スケジュールが旅行に向けて動き出します。心配していたお金も、節約したり、バイトしたりしてなんとか工面するはずです。

実際に旅行に出かけるのが半年先、1年先でもいいのです。貯金できるかもわからないけれど、きっとなんとかなると思って予約をしてください。実際に、きっとなんとかなってしまいますから！

万が一なんとかできなくてキャンセルすることになっても、「やりたいことに向かって行動した！」というのが経験や自信となり、次に同じことをチャレンジする土台となります。今回の経験を次回に活かすなら、次回は絶対に行けるはず。

多くの人が、「時間ができたら、お金が貯まってから、旅行をしよう」と考えています。そして、たいていは日々に流されてしまい、いつまでたっても旅立つことができません。

このように、先にデッドラインを決めるのは、旅行にかぎらずビジネスでも有効です。

私はあとさき構わず、よく大きな決断をします。そのときの自分にはとても無理だと思うようなことでも、気がつくと、デッドラインのころにはできることが当たり前の感覚になっています。

これをくり返すことによって、私は次々に夢を現実にしてきているのです。

あなたはなにをしたいですか？

「いつ」それをするのか、さっそく手帳に書いてしまいましょう。

第4章

美人の
自分プロデュース術

Brand

自分がブランドになる方法

第4章では、SNSなどを活用しながら自分のブランドを確立させ、セルフプロデュースしていく方法を探っていきたいと思います。

はじめに、自分自身をブランド化するセルフブランディングのやり方について見ていきましょう。

そもそも「セルフブランディング」とは、「企業や組織に所属しない個人が、自分自身の価値や個性を明確にして、自らプロモーション活動を行うこと」などと定義されています。私風に言うと**「どう魅せるか」**ですね。**自分オリジナルのテーマを持ち、そこを軸に発言や行動をする**というシンプルなことです。

既存の組織に頼らず、自分でビジネスを立ち上げた場合には、セルフブランディングで成功するかどうかが、ビジネスの命運に大きくかかわってくるといえます。

価値観の明確化と強みの強化

セルフブランディングをしていくには、まず自分の「価値観」と「強み」を知っておく必要があります。まずは、1－3でお話しした「自分の価値観を知る」（22ページ）を実践してみてください。その価値観があなたというブランドの軸になります。

自分の強みがわからない場合は、まわりの人にお願いして、自分のいいところを5つほどあげてもらうとよいと思います。10人に聞けば、50個のいいところが集まります。それをリストアップしていくと、たとえば「笑顔が素敵」とか、「親しみやすい」など、たびたび登場してくるものがあるはずです。

それがあなたの強みです。リストをランキングにし、とりあえず上位3つの強みをさらに強化していきましょう。

一見「ビジネスの強みとは関係がないのでは？」と思うかもしれませんが、ビジネスのブランディングをするうえでも、まずは個人のブランディングがベースになります。

ちなみに、ここでいう「強化」とは「意識すること」です。

「笑顔が素敵」という強みがあるなら、今まで意識していなかった笑顔に、さらに磨きをかけてほしいのです。写真を撮るときにいつも安定した笑顔でいられるよう、自撮りで練習したり、鏡の前で表情筋トレーニングをしたり、いつも笑顔でいることを心がけたりしてください。

たとえば、街中でもショーウインドウに映った自分の顔を見てみましょう。「あ、今微笑んでいたかな？」「しかめっ面になっていなかったかな？」と自分で確認してみてください。意識をしていないときの顔こそ、あなたがいつもまわりから見られている顔です。

では、「親しみやすさ」を強化する場合はどうでしょう。

たとえば、「今のミーティングをふり返って、親しみやすい私をきちんと言葉や行動を通して、相手に伝えられていたかな？」と考えてほしいのです。伝えられていなかった場合は、なぜ伝わらなかったのか？　どうすれば伝えられたか？　ということを考え、次に活かしてほしいのです。

これを一つのアポイントごとに、「あの人との関係の中では、どうだろう？」などと、さまざまなバージョンごとに一日を通して考えてみてください。

ある特定の人にだけ、あるいは特定のときにだけ、最高の自分になれる人は多いです。

でも、**たくさんの人に魅力的に映る人は、自分の最高の瞬間を、安定してつねに見せているのです。**

世の中の一流ブランドを思い浮かべてみてください。エルメスやシャネルなど、いつどこに行っても、安定してその世界観や印象を人に与え続けていますよね。それがブランドの信頼につながるのです。

あなたのブランドはどうですか？

〝素敵な勘違い〟で魅力的な自分になる

また、**自分の強みを潜在意識に植えつけるため、そこが魅力的に見えるような写真をたくさん撮っておくといい**と思います。

たとえば「脚がキレイだね！」と言われたら、美脚に見えるショットを集め、自分で何度も見るのです。写真を眺めながら「たしかに私の脚キレイかもしれない」と思えると、さらに磨きをかけようとするので、無意識にますます美脚に見える歩き方、角度、ポーズを研究するようになります。

これは内面的な強みを伸ばすときにも活かせます。たとえば、「女性らしい」「行動力がある」「知的」なども、そう見えるように表情やファッション、映り方などを工夫し、写真を撮ってストックし何度も眺めるのです。

プロの手を借りて、自分の強みを発見する方法もおすすめです。

私は大阪で「カバーガール撮影会」というものを主催しています。これは、ありがたいことに「朋美さんのプロフィール写真が素敵！」とお客様からいつもたくさんのお声をいただくので、「じゃあ、みなさんも、私を撮っているクルーに撮ってもらう？」とプロジェクト化したものです。まるで雑誌の表紙を飾るかのような演出とポージングを指導して撮影し、さらにレタッチも加えて「最高の自分」の一枚を残すのです。

プロにメイクしてもらったり、カメラマンに撮ってもらったりすると、自分の思わぬ魅力に気づくはずです。そして、その画像を見るたびに、「私も頑張ればここまではいける！」と自分の可能性がぐっと広がり、モチベーションも上がりますよね。

コンプレックスがあるときは、フォトショップなどで修整してもOKです。修整した画像が本当の姿じゃなかったとしても、「自分はこうなんだ」と信じ込めば、人はその姿に近づいていくからです。

たとえば、目が小さいことにコンプレックスを感じている場合、前髪で目を隠したりして、なるべく目に注目が集まらないようにするでしょう。でも、少し目が大きく見えるように修整して、「私の目もちょっと工夫するだけで、こんなにも全体が魅力的に見えるんだ」と気づけば、その後、目が大きく見えるように目もとのメイクを工夫するようになったりします。

すると、堂々と人の目を見て話せるようになり、実際に魅力的に変わっていきます。コンプレックスだった目は、もうコンプレックスではなくなっているのです。

このように、**いかに自分に「素敵な勘違いができるか」がカギ**となります。

勘違いや思い込みをいいほうに上手に使えば、自分をどんどんポジティブに変化させることができます。私が、若いころよりもずっと自分の容姿も内面も好きになれたのは、この「素敵な勘違い」をくり返し行ってきたからです。

"最高の私"を発信してイメージを定着させる

さて、自分の強みを強化し、最高の自分の画像をストックできたら、今度はそれをぜひ世間に向けて発信していきましょう。なにも雑誌やテレビに出られなくたっていいのです。今はSNSを使えば、だれでも個人がメディアになれる時代です。

第3章でもお話ししましたが、インプットを深めたければ、アウトプットすることが必要です。「最高の私」のイメージを潜在意識に落とし込みたいなら、SNSなどを通じてアウトプットすると、自分を客観的に見ることができ、より自分に磨きをかけられるのです。

また、人から褒められることによって、さらに自分へのインプットが深まります。

そして、**「最高の私」のイメージを潜在意識に落とし込めたら、それがあなたの「自信」につながります**。

タレントやモデルの方が、世に出るにしたがってアカ抜けてキレイになっていくのは、アウトプットの回数が増えて、人からポジティブな賛同を得られるようになり、余計に

4-1 Brand

「私、キレイなのかも」という自信につながるからです。

実際、ウソでも「キレイ」とずっと言われ続けたとしたら、その人は本当にキレイに変身していきます。**自信がキレイを作る**からです。だから、身近な人ほど褒め合う習慣をつけると本当に互いに素敵に変身していきますよ。私と夫も、付き合い当初からよく褒め合うカップルで、お互いにどんどん素敵に成長できたと思っています。

ちなみに私は「最高の私」の画像以外に、自分を表す画像を日ごろからストックし、素材集を作っています。

たとえば、なりたいイメージを表した花であるカサブランカ、私の理想の世界観を表すモナコの風景写真、ホテルライクな洗練されたイメージが好きなので、そんなインテリアの写真、ドラマ「SEX and the CITY」のファッションスナップなどなどです。

これらの自分のイメージを表す画像を、ブログやフェイスブックでメッセージとともに小出しにアップするのです。すると、くり返しそれを見た人の中で「私のイメージ＝その画像のイメージ」となり、「朋美さんってこうですね」と言ってくれるようになります。

人って面白いもので、**いい意味で人から期待されると、潜在意識でその期待に応えよう**

とするんですね。だから私は「〝朋美さんって素敵！〟と言われているからには、素敵な私でいなくては！」と思い、どんどん理想の自分に近づいていけるのです。

考え方や行動をまわりに発信することによって、自分のなりたいイメージを、自分にもまわりにも定着させていくのです。私は「ライフスタイルが素敵」とよく言っていただきますが、実際このようにして自らのイメージを定着させてきました。

最初は、とにかくイメージを明確に持つことから始めてください。

写真やキーワードをどんどんＳＮＳやブログにあげて視覚化していくと、そのイメージはより現実味を増し、潜在意識に落とし込みやすくなります。そして、潜在意識に落とせたものは、行動に移しやすくなります。

これが私のブランドを確立させた方法です。私だからできたことではありません。同じ方法で、たくさんの方がそれぞれのセルフブランディングに成功しています。

さあ、次はあなたの番です。

自分の弱みもプラスに変えるブランディング

ブランディングをしていくには、自分のことが好きでなければ難しいでしょう。

そのためには、まず「自分のことをたくさん知ること」と「自己肯定感」が必要です。

知らないものは、好きにもなれません。でも、**最初は好きじゃなくても、知っていくうちに必ず好きなところは見つかるし、嫌いなところにも愛着が湧いてきます**。

自己肯定感がなければ、セルフブランディングに不可欠なセールスポイント（強み）を見つけることができません。また、「自分が好き！」と心から思えなければ、自分というブランドに時間と手間をかけて育てていくこともできませんよね。

考えてみてください。自分がセールスをするとき、その商品のことが好きだったら、好きという思いが態度やトークに出て、自然とそのよさを伝えられ、たくさん売ることができるでしょう。あまり好きではなかったら、売れないか、売れても本当の意味での満足感を得られませんよね。私はアパレルやエステに勤めていたとき、まさにこれを体験し、自分が気に入っている商品ばかりがなぜか売れていきました。

“連想ゲーム”で自分が好きになる

セルフブランディングについて、「背伸びをすること」「自分を飾ること」といったイメージがあるかもしれません。でも、それだけではすぐに相手から見透かされてしまいます。**あくまでもあなた自身を活かすことが、セルフブランディングのベース**だと私は思っています。ないものを無理矢理持ってこようとエネルギーを使うよりも、今ある素材を活かすほうが簡単です。

その活かし方とは、**視点を変える**ことです。

ワークショップでは、参加者の方に自分のセールスポイントと改善ポイントをとにかくたくさん書き出してもらう、というワークをよくやっています。

なかには、セールスポイントがほとんどなく、改善ポイントばかりがリストアップされてしまう人もいます。そこで次のワークでは、**改善ポイントを一つひとつポジティブな**

ワードに置き換えてもらいます。これは連想ゲームのようなもので、「視点を変えるゲーム」と言えます。

物事というのは、ただ起こっているだけの単なる現象にすぎません。それに対して、「いい」とか「悪い」とかいうのは、人が勝手にレッテルを貼っているだけです。つまり、その現象がいいか悪いかを捉えるのは、その人の解釈次第ということです。

そして、物事には、必ずプラスとマイナスの両面があります。ある人は、それをマイナスの側からしか見ていないので魅力的には映らないけれど、別の人はプラスの側から見ているので、とても魅力的に感じているかもしれません。ポジティブワードに変換するというのは、それに気づくためのワークなのです。

たとえば、改善ポイントに「飽きっぽい」というワードがあったとしましょう。これをポジティブなワードに置き換えていくのです。もちろん、答えは一つではありません。「いろいろな発想ができる」「好奇心旺盛《おうせい》」「たくさんのことを同時にできる」など、どんどん出てきます。それを聞いているうちに、本人も「飽きっぽい」のプラスの面に気づけるようになります。

では、「あきらめやすい」という改善ポイントをポジティブワードに変換するとどうなるでしょう。「状況分析が得意」「次のことにスムーズに進める」「頭の回転が速くて、先が読める」など、これもたくさん出てきますね。

もう少しほかの例を考えてみましょう。

「ネガティブに考えてしまう」のはどうでしょう。これは視点を変えれば「注意深く物事や状況を考えられる」ということです。

「人見知りをする」なら、「奥ゆかしさ」や、あるいは「たくさんの人と広く浅く付き合うよりも、狭くても深く人と付き合うタイプで、私にはそれがしっくりくるんだ」など、いろいろな連想ができます。「連想ゲーム」と思って、楽しんでやってみてください。

自分ではどうしても見つけられない場合は、友だちに協力してもらうのも手です。ちなみに私の経験上、ポジティブワードに変換できなかった言葉は、これまで一つもありませんでした。

私がこういう自分を知るワークに出会ったのは、23歳のころです。そのワークではじめて自分が「せっかち」であることに気がつきました。それまではせっかちであることに自覚すらしていなかったんですね。最初は、せっかちなんてイヤだな、と思ったものです。

そこで私は、「せっかち」のポジティブな面をリストアップしてみました。

すると、「仕事が速い」「まとめ上手」「いろいろなことが同時にできる」といったプラスの面に気づくことができました。今度は「せっかち」のポジティブな部分を活かしつつ、ネガティブの部分を手放すにはどうしたらいいのかを考え、思いつくままにノートに書き出したりしていました。

こういうリストアップを、最初はできれば毎日、あるいは1日おきにでも、くり返し続けてみてください。自分の改善ポイントについて、別の視点から捉えることができるようになると思います。

弱みは不安と一緒で、きちんと正面からそれと向き合い、その要素を知ることができれば手放せるものです。

一日1個、好きな人にするつもりで質問をする

「だけど、やっぱり自分の欠点ばかりが目につく」「どうしても自信が持てない」という人は、とにかく一日1個、自分に質問を投げかけることを習慣にしてほしいと思います。

では、自分に対してどんな質問をしたらいいのでしょうか。

好きな人や憧れの人に聞いてみたい質問を、連想してみてください。

自分にとって好きな相手、大切にしたい相手というのは、自分が興味を持っている人ですよね。本来なら、一番興味を持ってほしい相手は、ほかならぬあなた自身なのですが、そもそも自分が好きになれない人は、自分に興味を持つことも難しいと思います。

ですからまずは、好きな人、大切にしたい人に向かって質問するつもりで、「どんな人がタイプなの？」「なにしているときが楽しい？」「もしここに行けるとしたら、なにがしたい？」などと、自分にたずねてください。

好きな人や大切な人に純粋に聞いてみたい質問をリストアップし、毎日、上から順に自分に質問し、それに答えていくだけでも、かなり自分とのコミュニケーションができて、自分のことがわかってきます。わかってくると、徐々に愛着が湧いてきます。

過去の自分と対話し、未来の自分へ挑戦状を出す

自分への質問の答えは、ノートに書き出してくださいね。1週間でも変化はありますが、

1カ月前に書いたノートを見ると、ずいぶん成長してきたことがわかると思います。「あのときは、自分のことをここまでしか気づけなかったけど、今はここまで広がっているよ！」と過去の自分と対話してみてください。

しばらく対話を続けてふり返る日々を過ごしたら、「これからどうする？」と現在の自分と過去の自分とで作戦を立ててみてください。

「これまでこんなことをしてきたよね。これがよかったよね。もう少し続けたらこんなふうになるんじゃないの？　だったらやってみようか？　何からする？」など、じっくり話し合いながら決めていきましょう。

その内容もノートに書き、そこから未来の自分への挑戦状を作るのです。

「私たち（過去と現在の自分）は作戦を立てました！　いついつまでにこうなるから、まあ見ていてね!!」という感じで誓いを立てるのです。

ここまでくれば、あなたは自分自身をかけがえのないパートナーとして認めることができているはずです。すると、自分をブランディングしていく作業が、どんどん楽しくなっていくでしょう。

今の自分の姿を知らなければ、美容法は意味がない

私は、2014年から公式YouTubeチャンネルを始めました。ブログの文章だけでは伝えきれない情報を、映像を通してリアルに伝えたかったからです。

ですが、これを通して自分が、とても成長することになりました。

なぜかというと、動画にしてみなければ決して知ることができなかった自分の表情や話し方のクセがわかり、改善ポイントが明らかになったからです。

あなたも、普段から人に見られています。**自分がどういう姿をしているのか、客観的に知っておくことはとても大切**だと思います。

自分の姿を知るためには、まず鏡をよーく見ることです。

たいていの方は、鏡を真正面から見る程度だと思います。しかし、日常生活では真正面

から人に見られる機会のほうが少ないのです。たいがいは、横からだったり、後ろ姿や下を向いた顔を見られていることがほとんど。なので、合わせ鏡を使って、右から、左から、後ろからなど、いろいろな角度から見てください。全身が映る鏡があれば、全身もあらゆる角度から見てほしいのです。

すると、いつも自分が人にどう映っているかが見えてきて、現実の自分を知ることになります。**自分がよりキレイに見えるベストな角度もわかりますし、逆に「これはまずいな」という角度もわかります**。それを把握しておくだけでも、ここぞというときにより魅力的な自分を演出できるようになります。

次は、自分の写真を撮ってみてください。自撮りでもいいし、誰かに撮ってもらってもいいでしょう。写真は主観が入りにくいぶん、さらにリアルな自分の姿が写し出されています。

「あれ、意外と姿勢が悪いな」「笑顔がかたいな」など、気がつくことがたくさんあるのではないでしょうか。写真を見たとき、自分は笑っているつもりなのに全然笑えていないと思うときがありませんか？　人は自分で思っているよりも、じつは笑えていないものです。「ちょっとやりすぎかな？」と思うくらい思いきり笑って見せると、やっと楽しそうな笑顔に見えるのです。

そして一番のおすすめが、動画撮影をしてもらうことです。

私のワークショップでは、動画を撮り合うこともします。

はじめて自分の動画を見た人は、たいてい「え、私ってこんな感じだったの!?」とショックを受けます。自分自身の声や動きなのに、「私はこんな感じ」とイメージしていたものとは、大きくかけ離れているからです。

じつは、私も最初のうちはそうでした。「これまでこんなふうに人の目に映っていたのか……もう人前で話す仕事なんてできない！」と思うくらいでした。でも**現実を知ることによって、ショックだったポイントを改善しようとする意識が働き、どんどん話すことに慣れていきました**。

あなたも、動画に映っている姿が普段人から見られている自分の姿なのです。

目を背けずに、よく観察してどこを直せばいいか考えてみましょう。

見るポイントとしては、姿勢、視点、しぐさ、話すトーンやスピード、声の大きさです。

「えーと」や「あのー」が間に挟まりすぎるのも、相手が聞きとりにくく幼稚な印象を与えてしまいます。

「姿勢は知性」とも言われるくらいですから、猫背になっていないかなど注意してください。視点は、きちんと一カ所に定めて話せているか、しぐさも髪を無駄にかき上げるなど見苦しい点はないかなど、チェックします。

美容本をたくさん読んで知識を吸収し、目標を描けても、今の自分の姿を知らなければ、どこをどう伸ばし、改善したらいいのかがわからず、効果はあまり期待できないのではないでしょうか。**自分の姿を鏡できちんと見て、写真や動画も利用し、しっかりと自分の姿を把握しておくと、本当に必要なものがわかります**。

キレイになることも、夢を叶えることも、自分のブランドを確立することも、すべてはまず目標をしっかり描き、今の自分をしっかりと把握して、そこからそのギャップを埋める作戦を立て、行動し、日々ふり返ることのくり返しです。

ぜひ、こうしたコツコツとした小さなサイクルを積み重ねて、大きな夢を叶えてください。

セレブに学ぶセルフブランディング

私はよく、セルフブランディングをテーマにしたセミナーを開いています。おかげさまですぐ満席になってしまうので、多くの方が関心を持っていらっしゃるのだと思います。

でも、セミナーに参加しなくても、身近なところからセルフブランディング術を学ぶことはできます。

それは、まわりにいる人や有名人で「この人って世界観があるな～！」という人をとにかく観察し、その人たちがどんなふうにしているのかを分析するのです。

私が**セルフブランディングの達人として一目置いているのが、ギャルやキャバ嬢**です。

意外ですか？　ギャルたちは自分が一番可愛く見えるメイク法や写真の撮られ方を心得ています。プリクラなんて「偽造だろう！」ってくらいに、みんな可愛く写ります。でも、これはセルフイメージやモチベーションを高めるために、とても有効です。

キャバ嬢も、自分が一番キレイに見える体の角度や振る舞い、話し方などを熟知しています。「小悪魔ageha」などのギャル雑誌は意外と学ぶことが多く、たまに書店で立ち読みすると、ついつい見入ってしまいます。

キャバクラにも、機会があれば一度勉強のために連れていってもらうのもいいですよ。とくにそこのナンバーワンの方からは、接客術や上手なあしらい方など、とても学ぶことが多いです。

ファンが多い人には、それなりの理由が必ずあります。

その理由を知って活かすことができれば、あなたも魅せ方上手になれます。

また、私は海外雑誌もかなり参考にしています。

海外セレブを真似るためではなく、彼女たちのブランディングを分析するためです。

たとえば、ミランダ・カーは露出の仕方が見事だと思います。肌の露出にしても、私生活の露出にしても、ギリギリのところでやめて、「もっと見たい！」と人に思わせるのが上手だと思います。

ビクトリア・ベッカムのファッションには、いつも彼女のあり方が反映されています。立ち居振る舞いや、夫への接し方、マスコミへの対応など、かなり戦略的にやっているように見えます。インタビュー時の話し方や目線の使い方は、とても参考になります。

このように、私はテレビや映画に出てくる人を見るときも、ただ「キレイだな」「素敵だな」で終わらせるのではなく、「なぜこの人は素敵なのか」「なぜこの人は人気があるのか」などを自分なりに分析するようにしています。

ほかにも、売れているブランドのディスプレイやロゴの見せ方、人気のレストランやカフェの演出の仕方、街を歩いていて目を引く広告なども、「なぜこの広告はこんなに目を引くんだろう。色かな、写真の使い方かな、文章やキャッチかな」と考えるし、ベストセラーになっている本も、個人的にはあまり興味がない内容だったとしても、とりあえず一通り読んでみます。すると「ああ、なるほど、人はこういうところに共感するんだな」という傾向がわかったりします。

身のまわりのものを客観的に分析する視線を持つようになると、人の心をつかむツボみたいなものがわかるようになります。

これが、セルフブランディングに大いに役立つのです。

憧れの人のいいところを足して割る

さて、セルフブランディングをしていく過程では、「こうなりたい！」というお手本の人物（ロールモデル）をおくことも効果的です。

その場合、ただ「知的でエレガントでキレイ」というよりも、「オードリー・ヘプバーンのような」などという、具体的なものが頭につくと、よりイメージを持ちやすいですよね。**イメージが視覚化されて明確に思い描けるものほど、現実の行動に移しやすくなります。**

私のワークショップで「なりたい自分リストアップ」という項目があるのですが、その中の「顔」という欄には、私は「キャメロン・ディアス」と書いてあります。なにもキャメロンの顔になりたいのではなく（doing）、「キャメロン・ディアスみたいな表情の豊かさ」（being）を、私のなりたい「顔」としてリストアップしているのです。

どうでしょう、「表情豊か」と聞くよりも、「キャメロン・ディアスみたいな」とつくほうが視覚的なイメージを持ちやすくないですか？　また、そのように〝doing〟は達成できなかったとしても、その奥に隠れている〝being〟であれば誰でも意識次第で達成できますし、達成するほど、充実感につながるのです。

ロールモデルは、1人だけでなく数人おくといいでしょう。

1人だけですと、「その人になりたい！（doing）」という実現不可能なものになってしまいがちですし、それはただの真似です。そうではなくて、顔はこの人、スタイルはこの人、ライフスタイルはこの人、マインドはこの人、というふうに、現実ではありえなくても、自分の憧れの人たちのいいとこどりをして、自分に足して割った感じにすると、それはオリジナルになります。

自分の意識の持ち方やアンテナの張り方を変えると、雑誌やテレビ、チラシにかぎらず、お店のウインドウ、商品のパッケージなどなど、日常生活の中にもセルフブランディングに活かせるヒントがたくさん見つかるようになります。

そのヒントを手掛かりに、どんどんあなたのブランドを磨いていただきたいと思います。

4-5 Brand

自分だけの世界観を表現する

セルフブランディングのセミナーでは、まず参加者のみなさんに「ブランディングシート」というものを書いてもらいます。ブランディングシートは、ブランドを作っていくうえでとても役に立つので、ぜひあなたにも作ってみてほしいと思います。

たとえば、あなたの好きなファッションのブランドを想像してみてください。そのブランドには、コンセプトやテーマ、ロゴ、キャッチコピーなどがありますよね。また、ターゲット層も決まっているはずです。

お気に入りのサロンの場合は、どうでしょう。インテリアや色、サービスや接客など、「あのサロンだったらこれ！」と言えるものがあるのではないでしょうか。

それぞれの**ブランドに一貫したテーマがあるように、あなたのブランドにもあなたの価値観を反映させた特徴がある**はずです。その特徴を書き出したものが、ブランディングシートです。

私も自分自身のブランディングシートを作っています。たとえば、自分の世界観を表すキーワードの項目には、「聡明」「エレガント」「型破り」「ギャップ」という言葉が並んでいます。ブランドのキーワードを決めておくと、自分が何かやろうとしたときに、「あ、ちょっと待って！　あのキーワードと合ってるかな？」と判断する指針になります。

また「自分自身を表す花」を考えてみるのもいいでしょう。あなたというブランドのロゴに花をあしらうなら、どんな花を選びますか？　ヒマワリとバラでは、まったく違うブランドになりますよね。

メインカラーの合わせ方をパステルトーンにするとやわらかいイメージになるし、コントラストをつけるとシャープなイメージになり、色だけでもブランドのイメージがまったく変わってきます。

ブランディングシートを書き上げて「これでいく！」と決めたなら、言動はもちろん、着る服や持ちもの、香り、待ち合わせの場所に至るまで、すべてに一貫性を持たせることです。すると、あなたというブランドが周囲の中でも際立ち、人々から認識されやすくなります。

Branding sheet

KEY WORDS 世界観を表すキーワード （箇条書きなど自由に）	クリエイター、内面的な部分の美容家、聡明、エレガント、ライフスタイル、海外（とくにモナコ、パリ、リゾート地）、ヘルシー&オーガニックな生き方、マインド、啓発、インスパイア（影響を与える）、型破り、ギャップ、愛
CONCEPT コンセプト	幸せを自らクリエイトできる人間を世の中に増やす（ミッション）。 自分自身が、つねに自由でクリエイティブであり、さまざまな人生での挑戦を人に見せていくことによって、人をインスパイアする。 人に教えるのではなく、行動で示していくということ。
CATCHPHRASE キャッチコピー	毎日をワクワク、 人生をハッピーに生きるためのエッセンスを提供。
STORY ストーリー	波瀾万丈な人生を通して得た、すべて自分の経験にもとづいた気づきを伝えていく。高校を中退して東京に出たこと、一人で海外に行き変わったこと、猛烈に行動し22歳で起業したこと、パートナーと夢のような10年間を過ごしたこと、そのパートナーを突然事故で亡くしたこと、すべてを手放し30歳で再スタートしたことなど、すべてがチャレンジであり型破りだった。この経験を人に伝えて、「決まりなんてないんだ。常識は自分で作るものなんだ」ということを感じ、自らの制限をはずして人生をもっと楽しんでほしい。
ORIGINALITY オリジナリティや強み （ほかの人・モノとの差別化）	意外性、ギャップ、バランスをかね備えているところ。 スピリチュアリティ（自然と調和したマインド）を大切にしているけど、実際は行動的で現実的。妄想家だけど理論的でもある。見た目は女性らしくしているけれど、中身は男性的。セミナー講師だけど、DJもする。オーガニックやマインドについての発信をしているけど、ファッションや音楽についても発信をする。その両極にあるものを調和させて、新しいスタイルと価値観を提供する。
TARGET ターゲット	女性（高校生〜40代）。 人生にスパイスが欲しい方、自分を高めたい方、ポジティブに物事を考えたい方、自分のことを好きになりたい方。

パッと見で興味をそそるＳＮＳを作る

フェイスブックなどのＳＮＳやブログなども、セルフブランディングのツールとしてはかなり使えると思います。**名刺もそうですが、ＳＮＳやブログもうまく使うと相手に視覚的なインパクトを与えることができる**からです。

クリックした瞬間、目に飛び込んでくるヘッダーは、いわばお店のエントランスにあたり、その人の世界観をもっともよく表す場所です。知らないで訪れた人が入り口を見て、興味をそそられなかったら、いくら中に素晴らしいものがあったとしても、先に進むことはありません。人の見た目だってまさにそうですよね。そのくらいぱっと見の第一印象は大事なのです。

あなたならヘッダーにどんな写真やイラストを使いますか？　私が知るかぎり、ブランディングができている人ほど、ヘッダーにこだわっています。

また、全体の配色はどうしましょう？　サイドバーの構成は？　字体は筆記体ですか？　それともゴシック体のほうがあなたらしいですか？　そういうことを一つひとつ考えながらページを作っていくと、自分のブランディングが固まっていくというパターンもとても多いです。

もし、まだSNSやブログをやっていないなら、積極的に活用してみてはいかがでしょうか。

イメージが広がる写真が心に響く

SNSやブログに欠かせない写真についても、お話ししておきましょう。

私のサイトにはオンラインショップがあり、オーガニック製品や雑貨、アクセサリー、食品なども販売しています。それらのものをただ白バックで撮影するよりも、**それぞれのもののイメージが広がるような場所で撮影したほうが、より売れやすくなります**。

たとえば、素敵なお皿の写真を、ただモノだけ撮るのではなく、そのお皿を使ってキレイにテーブルコーディネートして撮るのです。また、リゾート系のワンピースなら、スタジオでマネキンに着せて撮るよりも、実際にリゾートの中で自分が着ている写真を載せたほうが売れます。

このように、**そのもののポジティブなイメージがより強調される写真の撮り方をすれば、その世界観が広がり、人の心に響きます。**

これは、自分の写真を撮るときも同じです。ヘアメイクやファッションだけでなく、背景もあなたのブランドにふさわしいものを選んでください。

私自身のブランディングでは、アメリカよりヨーロッパの風景を選びます。パリの街並みもいいですが、それよりも地中海のリゾートをイメージしています。実際、ブログなどで使う写真の多くはモナコで撮ったものです。そうすることによって、「私＝モナコ」のイメージを人に植えつけていくのです。

実際、ブログを見たテレビ局の方からオファーがあり、日本テレビ系「人生が変わる1分間の深イイ話」という番組の海外特集で、私のモナコ一人旅に密着取材していただきました。

セルフブランディングとは、あなただけの価値観や世界観を表現し、それを発信していくことにほかなりません。そう考えると、決して難しいものではないと思いませんか？

思いがのると「いいね!」とアクセス数が増える

せっかくSNSやブログを始めたのに、なかなか「いいね!」やアクセスが増えないと悩んでいる方も多いと思います。

「どうやって『いいね!』やアクセス数を増やしたのですか?」という質問もたくさんいただくのですが、その質問にお答えする前に一度考えてみていただきたいのです。

そもそも、あなたはなぜ「いいね!」やアクセス数を増やしたいのでしょうか?

ビジネスを始めるときの動機(being)とも似ていますね。**なぜ、あなたはそれをしたいのか? そこにはどんなあなたならではのストーリーや価値観があるのか? それが明確に表れたものであればあるほど、その思いに人は集まってくる**と思います。

私の場合は、見た人がワクワクのエッセンスを見つけ、生活に役立てたり、幸せをクリエイトする力を身につけていただきたいと思い、それに必要なHOW TOをより多くの方に伝えるため、アクセス数や「いいね！」を増やしたいと思っています。

なぜ伝えたいのかというと、私も昔はその方法を知らなかったから苦しかったたし、「毎日が心の底から楽しい！」とは言えなかったからです。

だけどあるとき、私はその方法を見つけ、こんなにも人生がハッピーになりました。それは「毎日をどう楽しむか」という心の持ち方や視点を持つということなんです。私がこんなにも変わって幸せになれたのだから、その方法を多くの人に教えたら、幸せになる人が増えるんじゃないかな、と思っています。

私はこの方法をこれからの未来を作っていく若者や、お子さんを持つお母さん、お母さんになるかもしれない女性たちに伝えていきたいのです。家庭において、母親の役割は重要です。子どもに対しても、旦那さんに対してもです。家庭の雰囲気は、お母さん次第でどうにでも変わるからです。


では、そういった人たちに興味を持ってもらえる記事をどうしたら書けるのか。それはまさしくビジネスでいう「ターゲット選定」です。すでに知識が豊富で、意識も高い人にも読んでいただきたいのですが、むしろ、美容やおしゃれは大好きだけど、健康ってなに？　スピリチュアルな生き方ってなに？　という人にこそ、私のブログに興味を持っていただきたいのです。

そのためには、**まじめになにかを伝えるだけでなく、幅広い話題や柔軟な考え方の発信が必要**です。ブログの記事も偏らないように、美容、ファッション、ライフスタイル、マインド、旅、ペットなど、さまざまな内容でつづっています。

楽しいところに人は集まる

では、どうやってアクセス数を増やしていったのかについて、お話ししましょう。

私がブログやSNSで毎日つづっているのは、自分の素直な心の声です。「これを絶対伝えたい」「感動した！」「テンションが上がった！」という話を、私だけのハッピーにしておくのではなく、**「誰かと分かち合いたいな」「もしかしたら、誰か同じ思いになってくれる人がいるかもしれないな」という思いだけで書いてきました。**

そうしていくうちに、だんだん人が集まり、「いいね！」やアクセス数が増えていったというのが正直なところです。

これは私の考えですが、なにかのスキル的なことよりも、役立つ情報であることはもちろん、そこを訪れることによってワクワクやエキサイティングな感覚、癒しなど、さまざまなフィーリングが得られることを読者は求めているのではないでしょうか。人は元気な人や幸せな人に引き寄せられていくという傾向がありますよね。だから、楽しかったことやワクワクすることなど、ポジティブな発言をしていたことが、私の場合は数字に結びついたのだと思います。

ただし、自分のやっていることを心から信じていなければいけません。「楽しい！」という心からの思いがあれば、読んだ人にも響くのだと思います。

また、SNSやブログでの発言と行動が一致しているかどうかも、読者は見ています。言葉と行動の一致はとても重要です。そこがブレると、思うような結果はついてきません。SNSやブログも、まず思いありきなのです。

最近、「SNS疲れ」という言葉をよく聞きます。「SNSでセルフブランドを作らなければ」とか「アクセスを増やさなければ」など、〝SNSをやる〟という行動だけに追われて、心がついていかず疲れてしまうのだと思います。

私は単純に楽しいと思ってやっているので、毎日アップしてもまったく疲れません。私と似た価値観の方なら、私と同じやり方がきっとはまると思うので、おすすめしています。

反対に、ＳＮＳで自分を見せていくのが好きではない方は、無理してやる必要はないと思います。そういう人は、別にエネルギーを注力するものがあると思います。自分に合った方法でセルフブランディングをしていくほうが、効率的でしょう。あるいは仕事と割り切って別の人に代行してもらってもいいのではないでしょうか。

キレイな写真より、思いをのせる

もう少し技術的なお話もしていきましょう。

掲載する写真にも、もちろんあなたの思いを込めてくださいね。**「いいね！」とアクセス数を上げる写真とは、ずばり「何を伝えたいのかがわかる写真」**です。

そういう意味では、アングルとスタイリングがとても大事だと思います。たとえばなにか商品を撮影するとき、単純にモノを撮ったのと、花で囲んで撮影したのと、人が持って撮影したのとでは、まったく商品のイメージが変わりますよね。アングルも、全体を写すのか、一部を接写するのかで、商品の見え方が全然違います。

写真の明るさも重要です。せっかくキレイに写っていても、暗い写真は人の目にとまりません。逆に、日光で白飛びしている写真も誰だかわからないし、よさが伝わりません。

写真を撮るというと、技術や機材の問題に走りがちですが、それ以前に**「なにを見せたいの？」「なにを伝えたいの？」という思いのほうがずっと大切**です。伝えたい思いがあれば、技術や機材に頼らなくても、案外いい写真が撮れるものです。

自分を撮るときも、自分の一番いい角度を何パターンか覚えて撮るのではなく、そのシチュエーションに合わせて、一番マッチするポーズや表情で撮ることを心がけてみてください。その場合は、うまいポーズをとろうと気負うより、この場面にはどんなポーズが一番自然かなと考えると、風景になじんでいい写真になります。

たとえば、プールサイドではリラックスしたポーズをとるとリゾート感が出るし、街中では元気に歩く感じでポーズをとると風景が引き立ったりします（左ページ参照）。

また、似たような写真をたくさん載せると、見ているほうは「またこれか」と飽きてしまいます。ですから、人物写真を載せたあとは、キレイな風景の写真、そのあとはおいしそうな食べもの、ペット、ファッションなど、ここでも幅を持たせてください。

単純にあなただったら、どんなブログを読みたいと思いますか？　人気があるブログの

特徴とはなんでしょう？　いくつか見比べてみて、どんな共通点があるか、その要素をリストアップして、一つずつ自分でも実践してみてください。

くり返しになりますが、ＳＮＳやブログは〝更新する〟という行動がメインになってしまうと、本人もつらいし、読者の心をつかむのも難しいでしょう。ここでもう一度、「何を伝えたいのか」を思い出してください。

あなたの〝心〟に人が集まってくることをつねに心にとめておいてくださいね。

（左写真撮影：有木健人）

ブランドの価値とは「安定感」

ビジネスは、そのブランドに価値があることを相手に認めさせなければ、始まりません。では、どうやって認めさせればいいのでしょうか。

そもそも、あなたにとっての「ブランド」とは、どういうものなのか、言葉で説明するとしたらどうでしょうか？

私が考えるブランドとは、一言で言えば**「ブレない軸を持っていること」。つまり、安定感**です。いつでも安定した世界観を提供できるということです。

人でいうと、いつ会っても「元気をもらえるな」「ホッとできるな」「モチベーションが上がるな」などと感じさせ、そういう感覚が欲しいときは「あの人に会いたいな」と思わせる。その空気感やエネルギー、印象などが、その人というブランドが与えるイメージになるのだと思います。

一流ブランドもそうです。そのブランドに触れることで得られる感覚は、長い年月を経ても変わることがありません。エルメスだったら、持つことによって気品あるエレガントな気持ちになりますよね。シャネルだったら、遊び心がありセクシーだけど知的な感覚を得ることができます。

一流ブランドとは、商品自体もそうですが、そのモノに宿った世界観や感覚を得るために、人は手にしたがるのだと思います。

また、そのブランドが持つ要素を自分があまり持ち合わせていない場合、エッセンスとして「ブランド」の力を借りるのだと思います。普通のコーディネートにエルメスのバーキンが加わるだけで、ちょっと洗練した気持ちになりませんか？　それがエルメスというブランドの持つパワーです。

では、**あなたというブランドに人が触れたとき、どういう印象や感覚を与えるのでしょうか**。その印象や感覚が安定し、統一されていれば、セルフブランディングがうまくいっていると思います。

毎回発言や行動が違ったりすると、「この人って結局なにが言いたいの？」と周囲から思われてブレた印象を与えてしまい、信頼感を得られなくなります。

でも、やっていることと言っていることが一致していたり、行動（doing）自体は多岐《たき》にわたっていても、一貫してブレない軸（being）がある人は、安定感があり、信頼を生むことができるのです。こうした信頼を少しずつ積み重ねることで、ブランドができあがり、周知されていくのだと思います。

私も、若いころは軸がなく、いろいろなことを始めてはやめていました。「私ってすぐになにかを投げ出して、あっちもこっちも散らかして一つのことが続けられない、ダメな人間だ」と思い悩んでいました。

でも、あるとき自分の〝being〟を見つけ、「ああ、私はいろんなことをしているけど、そこには一貫して、人にワクワクやハッピーを与えたいという思いがあるんだ」という軸に気づいたのです。それからは、気持ちがとても安定し、発言や行動に自信が持てるようになりました。

また、もし何かが続かなくても、「これは私の〝being〟からは外れたから、興味がなくなったんだ。だったらさっさと手放して次にいこう！」と前向きに気持ちを切り替えられるようになりました。

安定感を生み出すには、「私はこうありたい！」「これを伝えたい！」などの思い（being）をしっかり持つことが大切です。

では、どうやって思いをつかめばいいかというと、何度も言っていますが、自分の感情としっかり向き合い、対話をくり返すしかありません。

私の場合は、かなり自分との対話を続けているので、自分の思いがわかっているし、もう一人の自分という最強のパートナーが、いつもそばにいてくれます。だから、たとえ誰もついてきてくれなくても、みんなが違う道を選んだとしても、私は私の道を進んでいくことができます。

〝being〟が定まったら、次は**有言実行のクセ**をつけてください。

公言したからには、必ずやること。小さなことでも、自分の言葉をひたすら行動で見せていくことが、安定した信頼を作ります。

よく自分の目標や誓いなどをSNSやブログを通して宣言するのですが、「できるかな?」とまだ確信が持てないものについては、発信しません。「確実にやるぞ!!」と心を決め、確信を持てたときにはじめて宣言するのです。そして、宣言したからには必ずそれをやります。たとえ時間がかかったとしても。

ブログの更新の仕方にも、安定感が問われています。週末に7回分まとめてアップする人と、一日1回規則的にアップしていく人とでは、安定感が違います。ファンも安定しているほうにつくでしょう。ビジネスでも、言動と行動をともなわせ、つねに安定した印象を与えることによって、信頼を得られるようになります。

「安定感」というと、なんとなくつまらない感じがするかもしれません。

でも**本当のプロフェッショナルとは、いつでも安定した結果を出せる人のことをいう**のだと私は思います。

4-8 Brand

ブランドを使い分けると人生の幅が広がる

ある程度一つのブランディングに成功したら、いくつかのバージョンのブランディングを作っていくという手もあります。

これは、上級者向けのブランディングです。

実際私は、10個くらいのバージョンがあります。

いくつも自分のブランドを持つと、イメージに幅を持たせることができ、その幅がますますブランドを強化する要となります。

アパレルで成功しているブランドが、カフェやインテリアブランドを立ち上げるケースがありますよね？　そうすることによって、ブランディングが強化されます。

これをビジネスではなく、セルフブランディングで見てみましょう。

場面に合わせて演じる役を変える

私はプライベートでは、昼間のランチ、夕方の打ち合わせ、夜のナイトアウトと、それぞれ違うブランディングで挑みます。ですから、1回ずつ家に帰り、洋服を着替えて、髪形を変えたりするときもあります。振る舞いや話し方も場面によって使い分けています。

まるで、**女優のようにいろんな演出を楽しんでいます**。

海外にいるときの私は、日本にいるときの私とはまた別です。もっと大胆かつフレンドリーで、知らない人にもどんどん話しかけたりします。さらに言うと、モナコの私、パリの私、ハワイの私、LAの私、行き先によって全部違います。それぞれの土地に合わせて、ファッションや振る舞い方を変えているのです。

男性ばかりの場所に行くときは、華やかで女性らしい装いをするようにしています。場を華やかにするのは女性の大切な役割であり、特権だと思います。そうしたほうが場が盛り上がるし、私も楽しいからです。さらに場が盛り上がり、打ち解けることによって、ビジネスの交渉などもスムーズに進みます。

これは、私にかぎった話ではありません。その場の雰囲気をやわらげるようなファッションや振る舞いを意識的にすることは、誰にでもできますよね。場面に合わせて演じる役を変えるということ。もともとの顔立ちやスタイルは関係ないのです。

キレイな人でも空気が読めない人はモテません。

仕事のコンテンツが変わるときも、見せ方を変えています。モノ作りで求められている私は、セミナーで求められている私とは、また違うと思うからです。

セミナーでも、テーマやお客様の層、規模によって見せ方や役割を使い分けています。少人数のプライベートなセミナーではおもてなしに徹し、落ち着いて静かに語りかけます。いっぽう、50人規模のセミナーでは、はつらつとし、自信に満ち溢れる私です。

お客様の層が若い場合は、まじめぶっても内容が伝わりません。それよりもわざと同じ目線で、若い世代が興味のありそうな話題から切り出し、若い感じの話し方や服装をするほうが、参加者からの共感を得やすいです。逆に、ホテルのラウンジで行うセミナーや企業研修のときは、服装も話し方も大人っぽく知的でエレガントな雰囲気を心がけています。

役を融合してオリジナリティを作る

このようにいくつもの自分のブランドを持っておくと、その場面に一番ふさわしい自分を演出し、チャンスや楽しみを広げることにつながります。

それぞれのバージョンを確立させ、一つひとつができるようになると、今度はそれぞれがいい感じに融合し、あなたというブランドに奥行きが出てきます。意外性を感じさせながらも、あなたならではのオリジナル性が出てきます。

ちなみに、私はセミナー講師やコンサルタントとして活躍する反面、パーティー会場ではノリノリでDJにもなります。どちらも私のブランドであり、融合させることが、私ならではのブランドの強みになってきます。

私が、複数のブランドを持ってみようと思いついたのは、「その場その場で、どういう自分なら、その場にいる自分とみんなが一番心地よくいられるか?」と考えたことがきっかけでした。

高級ホテルでの食事で求められるマナーと、音楽イベントで楽しむときに求められるマナーは当然違いますよね。マナーとは決められた一つの振る舞い方ではなく、その場に合わせて柔軟に対応するということです。

自分のいろいろな演出の仕方を知って、TPOに合せて、パワフル、ナチュラル、エレガントと自在に使い分けられるようになると、人生の幅がさらに広がっていくと思います。

文庫版特別収録

おすすめの40冊

第3章でもお話ししたように、私は空いた時間に本を読むのが大好きです。必ず本を持ち歩き、ブログやセミナーなどでも本の紹介をよくしています。今回はその中でもとくにおすすめの40冊を皆さんにご紹介します！

どれも読んですごくよかった、私の大好きな本です。ぜひ読んでみてくださいね。

自己啓発（人生）

1 『やる気のスイッチ！』（山﨑拓巳著、サンクチュアリ出版）

2 『自由であり続けるために20代で捨てるべき50のこと』（四角大輔著、サンクチュアリ出版）

Extra

3『未来記憶』（池田貴将著、サンマーク出版）

4『断言しよう、人生は変えられるのだ。』（ジョン・キム著、サンマーク出版）

5『時間に支配されない人生』（ジョン・キム著、幻冬舎）

6『7つの習慣　成功には原則があった！』（スティーブン・R・コヴィー著、ジェームス・スキナー＋川西茂訳、キングベアー出版）

7『ソース　あなたの人生の源は、ワクワクすることにある。』（マイク・マクマナス著、ヒューイ陽子訳、VOICE）

8『臆病な僕でも勇者になれた七つの教え　「自信」が湧きだす不思議な冒険』（旺季志ずか著、サンマーク出版）

9『賢者のプレゼント　富と愛と成功を引き寄せる魔法の法則』（ロビン・シャーマ著、中野裕弓訳、ビジネス社）

お金

10『ユダヤ人大富豪の教え　幸せな金持ちになる17の秘訣』（本田健著、大和書房）

11『ワタナベ薫　お金の格言』（ワタナベ薫著、大和出版）

ビジネス

12『全産業の〝タテの壁〟が溶けたこの時代の必須スキル　多動力』（堀江貴文著、幻冬舎）

13『本音で生きる　一秒も後悔しない強い生き方』（堀江貴文著、SBクリエイティブ）

14『「ひらがな」で話す技術』（西任暁子著、サンマーク出版）

15『すごい人のすごい流儀』（伊藤正二郎著、サンマーク出版）

スピリチュアル

16『アルケミスト　夢を旅した少年』（パウロ・コエーリョ著、山川紘矢＋山川亜希子訳、角川書店）

17『聖なる予言』（ジェームズ・レッドフィールド著、山川紘矢＋山川亜希子訳、角川書店）

18『アナスタシア（響きわたるシベリア杉シリーズ1）』（ウラジーミル・メグレ著、水木綾子訳、岩砂晶子監修、ナチュラルスピリット）

19『みんなが幸せになるホ・オポノポノ』（イハレアカラ・ヒューレン著、インタビュー：櫻庭雅文、徳間書店）

Extra

20 『ウニヒピリ　ホ・オポノポノで出会った「ほんとうの自分」』（イハレアカラ・ヒューレン＋KR著、インタビュー：平良アイリーン、サンマーク出版）

21 『ザ・シークレット』（ロンダ・バーン著、山川紘矢＋山川亜希子＋佐野美代子訳、角川書店）

22 『ザ・パワー』（ロンダ・バーン著、山川紘矢＋山川亜希子＋佐野美代子訳、角川書店）

23 『アミ　小さな宇宙人』（エンリケ・バリオス著、石原彰二訳、さくらももこ絵、徳間書店）

24 『［完全版］生きがいの創造　スピリチュアルな科学研究から読み解く人生のしくみ』（飯田史彦著、PHP研究所）

25 『宇宙に上手にお願いする法』（ピエール・フランク著、中村智子訳、サンマーク出版）

26 『宇宙に上手にお願いする「共鳴の法則」』（ピエール・フランク著、中村智子訳、サンマーク出版）

27 『輪廻転生を信じると人生が変わる』（山川紘矢著、角川書店）

28 『未来を動かす』（ダリル・アンカ＋安藤美冬著、VOICE）

恋愛・美容

29『自信という最上のドレスの手に入れ方　それは小さな積み重ね』
（エリカ・アンギャル著、幻冬舎）

30『世界一の美女の創りかた』（イネス・リグロン著、マガジンハウス）

31『セクシー&ハッピーな生き方　ラテン女性に学ぶ、人生を120%楽しむ方法』
（ジョニー・パディーヤ＋マーサ・フランクル著、薩摩美知子訳、サンマーク出版）

32『フィット・フォー・ライフ　健康長寿には「不滅の原則」があった！』
（ハーヴィー・ダイアモンド＋マリリン・ダイアモンド著、松田麻美子訳・補遺、グスコー出版）

33『世界一の美女になるダイエット』（エリカ・アンギャル著、幻冬舎）

34『ラブダイエット　スイーツなしで体と心を満たす美の教科書』
（エリカ・アンギャル著、幻冬舎）

暮らし

35『シンプルに生きる　変哲のないものに喜びをみつけ、味わう』
（ドミニック・ローホー著、原秋子訳、幻冬舎）

Extra

36 『人生がときめく片づけの魔法』（近藤麻理恵著、サンマーク出版）

37 『フランス人は10着しか服を持たない　パリで学んだ〝暮らしの質〟を高める秘訣』（ジェニファー・L・スコット著、神崎朗子訳、大和書房）

占い

38 『12星座の君へ』シリーズ（鏡リュウジ著、サンクチュアリ出版）

39 『Keiko的宇宙にエコヒイキされる願いの書き方　新月・満月パワーウイッシュ』（Keiko著、講談社）

40 『Keiko的Lunalogy　自分の「引き寄せ力」を知りたいあなたへ』（Keiko著、マガジンハウス）

人はこんなにも変われる

最後まで読んでいただき、本当にありがとうございました。

私の人生を変えた21歳のロンドン一人旅、じつは後日談があります。ロンドンに滞在して10日目、私をふった彼からメールが入ったのです。そこには「やっぱり朋美が好きだ。日本に帰ったら付き合おう」と書いてありました。

私は帰国後、その彼と一緒に暮らしはじめ、その7年後に結婚しました。

彼は、「こんなにも人生を楽しんでいる人は初めて見た！」と思えるくらい面白くて、ポジティブな人でした。そして友だちも多く、たくさんの人に愛されていました。そもそもロンドンに行ったのも、バックパッカーだった彼に影響されてのことでした。彼の話を聞いているうちに、「私もこの人みたいに生きてみたい！」と思うようになったのです。

彼は間違いなく私のメンターでした。

彼に出会ったことで、私の中にあるなにかに着火したのです。私の中でなんとなく抑えられていた、自由でありたい、つねにクリエイティブでありたいという思いをあるがまま存分に出してもいいんだ、と彼から学びました。

それからは、人生がぐんぐん加速していき、夢が次々に叶いはじめたのです。

私が起業したころ、彼も起業し、お互いに刺激し合いながら、かけがえのないパートナーとして人生をともに歩んできました。彼と一緒なら、「最強で最高！」と思っていました。

でも、結婚して2年目の夏、彼は突然、事故で亡くなってしまったのです。

彼の存在は私が思っていたよりもはるかに大きく、耐え難い喪失感に襲われました。

だけど、彼の言葉を思い出しました。

彼はいつも私に「朋美は、最高にイケてる！」と言ってくれ、友だちにも私の自慢をしていました。とにかく私をたくさん褒めてくれる人だったのです。

そんなにも彼が愛してくれた「イケてる私」じゃないと、彼が私のことを好きではなくなってしまうと思ったのです。

私たちは付き合い当初から、年をとってもずっと恋愛をしていよう、お互いにずっとモテる二人でいようと約束していました。だから私は、彼が亡くなってもなお、彼の「自慢の朋美」でいられるように生きていこうと決めました。

だから落ち込むことがあっても、「彼が好きでいてくれる、イケてる私だったらどういう選択をする？」とつねに自問自答しています。

私は自分自身の三十数年の人生をふり返り、「人って、こんなにも変われるんだ！」と心から思います。

そして、自分が変わったのだから誰だって変われると思うし、その方法を多くの人に伝えることが私のミッションだと思っています。

私が彼から着火されて、自分自身と人生がどんどん開花していったように、私も誰かの着火剤になりたい。

なぜなら人生は、ちょっとしたきっかけで180度変わるものだから。

この本を出版するにあたり、出版のお声をかけてくださった大和書房の草柳友美子さんと、この本の編集協力をしてくださった有留もと子さんには大変お世話になりました。

Epilogue

私のセミナーに来てくださった方々、いつもブログを読んでくださっている方々、一人っ子なのに私を信じて10代のころ東京に見送ってくれた両親と祖母、忙しい私をサポートしてくれている主人の母、いつも私の心を癒してくれるプリンとマロン、友人たちにも、深い感謝を。これからも有意義な情報を発信していきますね！

そして、天国にいる最愛の旦那様、ツギへ。
私の人生に、こんなにもたくさんの愛と気づきをくれたことに、感謝してもしきれません。あなたの存在が私の原動力です。

読者の皆さまの人生に素敵な変化が訪れることを、心からお祈り申し上げます。

長谷川 朋美

文庫化にあたって

私にとってはじめての著書であるこの本が出版されてから3年たちました。

多くの方に読んでいただき、「人生が変わった!」というメッセージを今もたくさんいただきます。たくさんの方の人生に役立って、心から嬉しいです。


この本は、共著に亡くなった夫の名前「ツギ」と書きたいくらい、生前、彼から教えてもらったことや気づかせてもらったことが詰まっています。

そしてなにより、彼が亡くなっていなかったら、この世に誕生していなかった本。

彼を亡くしたあとに、本気で「今死んでも後悔しない生き方をする!」と心に決め、どん底の中から、少しずつ希望を見出し、自問自答し、自分の人生をふり返った過程をまとめたものがこの本となりました。だから、これは彼がくれたギフトであり、彼が世の中に伝えたかったメッセージでもあるのです。


たくさんの方の人生を変えていった本ですが、じつは一番人生が変わったのは、紛れもなく、私自身でした。

「これも彼の仕業なのか？」と思うことですが、出版が決まるのと同時くらいにまったく別ルートで、ゴールデンタイムの高視聴率番組への出演依頼をいただきました。

私の一番思い入れがある地、モナコでの密着テレビ収録で、放送は、ちょうどこの本が発売された翌月でした。そのため、本は爆発的に売れ、はじめての本なのに発売から3か月で6刷！

これには私もまわりもびっくりしました。きっと世の中にこのメッセージを伝えたいという純粋な私の思いが、神なのか天なのか、どこかに通じたのではないかと思っています。

おかげさまで、それから2年間で6冊の本を出版させていただき、講演依頼も増え、全国どこへ行っても「あの本読みました！」と、道端や近所のお店でも声をかけられるまでとなったのです。

別に有名になりたいとか人気者になりたいとか思っていたわけではありませんが、私自身のことを知っている人が増えると、大切なメッセージが、必要な人に届きやすくなると思うと、とても嬉しいです。

あれから3年たって、生活も仕事も変化し、価値観も大きく変わりました。でも、一番大切にしている核の部分はずっと変わりません。

それは、メッセンジャーでありたい、ということ。

私が人生で経験したことや勉強したことの中から役に立ったことや、豊かになったり、幸せになったりしたことは、あますところなく皆さんに還元したいと思っています。

むしろ私は、何かを与えるために、今なにかを得ようとしているんだな、ということが、最近わかるようになりました。

この本を読んで、人生が変わった、生きるのがラクになった、毎日が楽しくなった、自分のことが好きになった、ワクワクした方！　ぜひその感覚を忘れずに、次の誰か、あなたの大切な人のために、あなたが気づいたことや得たことをシェアしてあげてください。

ハッピーのバトンがたくさんの人の手に渡ったら、世の中は今よりもっとキラキラしたものになるでしょう。

長谷川朋美

本作品は小社より二〇一四年一一月に刊行された
同タイトルの書籍を
再編集して文庫化したものです。

長谷川朋美（はせがわ・ともみ）
美LIFEクリエイター、株式会社ルミエール代表。NPO法人日本ホリスティックビューティ協会広報部長。1981年生まれ。高校中退後、一人で上京、SHIBUYA109のカリスマ店員に。22歳で起業し、8年間でのべ6店舗のトータルビューティーサロンを経営していたが、30歳のときに10年をともにした最愛のパートナーを亡くす。これをきっかけに「今日死んでも後悔しない生き方をする！」と誓い、それまでのビジネスをすべて手放してゼロから再スタート。自分に妥協のない生き方を貫いている。
現在は、女性が心身ともに健康で美しく、豊かで幸せになる生き方を体系化し、アカデミーを主宰。全国で講演、商品やイベントのプロデュース、執筆活動を行う。また、世界を旅しながら、自由でクリエイティブな生き方を体現し、発信している。2014年「人生が変わる1分間の深イイ話」（日本テレビ）に出演し一躍話題の人になる。
著書に『好きなことでお金を稼ぐ方法』『愛されながら仕事も恋も成功する方法』『自分に嘘のない生き方』（大和書房）などがある。

だいわ文庫

やりたいことを全部《ぜんぶ》やる人生《じんせい》
仕事《しごと》ができる美人《びじん》の43の秘密《ひみつ》

著者　長《は》谷《せ》川《がわ》朋《とも》美《み》

二〇一八年二月一五日第一刷発行

発行者　佐藤靖
発行所　大和《だいわ》書房
東京都文京区関口一―三三―四　〒一一二―〇〇一四
電話　〇三―三二〇三―四五一一

フォーマットデザイン　鈴木成一デザイン室
本文デザイン　bitter design
編集協力　有留もと子
本文印刷　信毎書籍印刷
カバー印刷　山一印刷
製本　小泉製本

ISBN978-4-479-30691-7
乱丁本・落丁本はお取り替えいたします。
http://www.daiwashobo.co.jp